우리 아이 건강한 입맛 만들기

단이네 순한맛 유아식

정신혜(단맘) 지음

아 퍼블리싱

CONTENTS

- **006** 프롤로그
  건강하고 맛있는 무염 유아식 이야기 | 단이의 아이주도식 이야기
- **008** 무염 유아식, 보다 맛있고 즐겁게!
  이 책에서 사용하지 않는 것과 대신 활용하는 것 | 무염식 이야기 Q&A | 편식 없는 아이 키우기 |
  올바른 식습관, 식생활 태도 기르기 | 균형 잡힌 식단 짜기 | 더 건강한 식단을 위한 팁 | 식사에 즐거움을 더하는 팁
- **016** 이 책에선 이렇게 요리해요!
  기본 식재료 | 무염식 맛 내기 아이템 | 조리 도구 | 계량 도구 및 계량법 | 요리하기 전에 꼭 확인하세요
- **029** 이 책의 활용법

밥과 죽

별미밥
- 034 모둠버섯밥
- 036 뿌리채소밥
- 038 소고기 콩나물밥
- 040 초당옥수수밥
- 042 닭고기 토마토밥
- 044 영양 찰밥

한입 밥 메뉴
- 048 알배추말이밥
- 050 배추전말이밥
- 052 시금치 달걀말이밥
- 054 당근 치즈김밥 ver1
- 056 당근 치즈김밥 ver2
- 058 소고기 지단김밥

주먹밥/밥전
- 062 밥새우 달걀 주먹밥
- 064 당근 멸치 주먹밥
- 066 소고기 두부 주먹밥
- 068 소고기 양배추 주먹밥
- 070 애호박 밥새우 주먹밥
- 072 구운 치즈 주먹밥
- 074 소고기 브로콜리 주먹밥
- 076 고등어 버터구이 주먹밥
- 078 브로콜리 치즈 밥전
- 080 소고기 옥수수밥 깻잎전

리조또/볶음밥
- 084 쪽파 새우 리조또
- 086 소고기 버섯 들깨 리조또
- 088 새우 흑임자 리조또
- 090 선드라이 토마토 리조또
- 092 닭백숙 리조또
- 094 소고기 옥수수 치즈밥
- 096 소고기 브로콜리 치즈밥
- 098 애호박 치즈밥
- 100 브로콜리 달걀 볶음밥

덮밥
- 104 소고기 알배추 팽이 덮밥
- 106 새우 팽이 달걀 덮밥
- 108 소고기 가지 덮밥
- 110 소고기 애호박 덮밥
- 112 오야꼬동
- 114 토마토 새우 덮밥
- 116 토마토 감자조림 덮밥
- 118 소고기 무나물 덮밥
- 120 소고기 버섯 덮밥
- 122 소고기 양배추 두부 덮밥
- 124 카레 같은 단호박 덮밥
- 126 토마토 마파두부 덮밥

죽
- 130 소고기 오트밀죽
- 132 황태 달걀죽
- 134 소고기 애호박죽
- 136 소고기 누룽지탕
- 138 순두부 누룽지죽
- 140 새우 누룽지죽

반찬

매일 반찬

- **146** 찐 채소반찬 3가지
- **150** 채소육수 조림 4가지
- **154** 삼색나물
- **158** 애호박나물
- **160** 채소 치즈 조림 3가지
- **164** 비트 메추리알 조림
- **166** 김 두부스틱
- **168** 브로콜리 갈릭버터구이
- **170** 단호박 스크램블에그
- **172** 순두부 스크램블에그
- **174** 소고기 알배추볶음
- **176** 감자 달걀찜
- **178** 두부 들기름버무리
- **180** 두부 달걀말이
- **182** 사과 연근샐러드
- **184** 연두부 고구마매쉬
- **186** 초당옥수수 콘샐러드
- **188** 구운 파프리카
- **190** 연근 아몬드 들깨무침
- **192** 브로콜리 검은깨 두부무침
- **194** 사과 오이무침
- **196** 브로콜리 줄기 당근볶음
- **198** 연근 고구마범벅
- **200** 사과 파프리카 김치

일품 반찬

- **204** 가자미 알배추찜
- **206** 가자미까스
- **208** 닭다리 파우더구이
- **210** 당근 등갈비찜
- **212** 토마토 등갈비찜
- **214** 바나나 두부강정
- **216** 연근크로켓
- **218** 함박 파프리카전
- **220** 파프리카 팍시
- **222** 버섯잡채

전/완자

- **226** 돼지고기 부추전
- **228** 당근 치즈전
- **230** 브로콜리 감자전
- **232** 소고기 다짐육전
- **234** 연근 새우전
- **236** 새송이전 & 새송이 깻잎전
- **238** 네모 애호박전
- **240** 미역 두부전
- **242** 감자 부추전
- **244** 시금치 배추전
- **246** 애호박 치즈전
- **248** 감자 파프리카전
- **250** 오꼬노미야끼
- **252** 우엉 깻잎전
- **254** 가자미전
- **256** 당근 꽃감전
- **258** 감자랑땡
- **260** 두부새우랑땡

간단 특식과 국물 요리

간단 특식

- **266** 애호박 감자 오믈렛
- **268** 감자 그라탱
- **270** 고구마 브로콜리 그라탱
- **272** 감자타코
- **274** 고구마 떡볶이
- **276** 파프리카장 떡볶이
- **278** 당근 단호박 떡볶이
- **280** 토마토떡국
- **282** 브로콜리 고구마 치즈호떡
- **284** 코티지파이
- **286** 시금치 바나나 팬케이크
- **288** 양파링 감자 크로켓

수프/퓌레/국

- **292** 애호박수프
- **294** 당근 감자수프
- **296** 토마토 채소수프
- **298** 고구마 밤수프
- **300** 밤 치킨수프
- **302** 단호박 당근 퓌레
- **304** 순두부 버섯 들깨탕
- **306** 소고기뭇국
- **308** 소고기 미역국
- **310** 김국
- **312** 채소 누룽지

만들어 두면 든든한 냉동/냉장템

육류 냉동템

- **318** 함박스테이크
- **320** 닭다리 백숙
- **322** 아몬드 스틱 돈까스
- **324** 닭고기 스테이크
- **326** 소불고기
- **328** 토마토 닭불고기
- **330** 고구마 닭고기 소시지
- **332** 수제 어묵

홈메이드 레시피

- **336** 채소육수
- **338** 라구소스
- **340** 파프리카소스 & 장
- **342** 만능 토마토소스
- **344** 수제 케첩
- **346** 콩가루 두부 마요네즈
- **348** 무설탕 피클
- **350** 무설탕 블루베리 잼
- **352** 선드라이 토마토

베이커리, 디저트, 음료

핑거푸드/빵

- 358 콩가루 감자볼
- 360 감자 야채 치즈볼
- 362 아몬드 고구마스틱
- 364 양배추 양파볼
- 366 당근 양파볼
- 368 오트밀바
- 370 아몬드 가지칩쿠키
- 372 고구마 당근쿠키
- 374 브로콜리 오트밀쿠키
- 376 단호박크로켓
- 378 바나나빵
- 380 감자/고구마 치즈빵
- 382 애호박 치즈빵
- 384 감자 크루아상
- 386 고구마 바나나빵
- 388 단호박 부추빵
- 390 옥수수 감자키슈
- 392 바나나 요거트빵떡
- 394 감자도우 쪽파 갈릭피자
- 396 고구마 바나나만주

디저트/음료

- 400 검은깨 바나나 스무디볼
- 402 그릭 곶감

상황별 추천 메뉴

- 406 생일상
- 408 감기 걸렸을 때
- 410 변비 걸렸을 때

찾아보기

- 412 재료별 메뉴 찾기
- 417 가나다순 메뉴 찾기

프롤로그

**건강하고 맛있는
무염 유아식 이야기**

단이는 10개월쯤 아이주도 이유식을 처음 시작했어요. 고형식을 일찍 시작하다 보니 11개월무렵 자연스럽게 유아식이라 부를 수 있는 어른식과 비슷한 수준의 식단으로 식사하게 되었어요.

그런데 핑거푸드 위주의 아이주도 이유식 식단에서 본격 유아식으로 넘어가는 그 과정에서, 또다시 난관에 부딪혔어요.

두 돌까지는 무염을 권장한다는데 무염으로만 구성된 요리책을 찾기란 쉽지 않았고, 그렇다고 기존 레시피에서 간장, 소금, 당류를 모두 제외하고 만드니, 레시피의 핵심 부분을 빼고 만드는 느낌이라 만족스럽지 않더라고요.

그렇게 '간을 하지 않고, 당류를 넣지 않고도 맛있게 만들 순 없을까?' 하는 고민이 시작되었어요.

이 책에는 그 고민 끝에 만들어진 레시피들을 선별하여 담았어요. 아이주도 이유식부터 유아식까지 무염, 무당으로 식재료 본연의 맛을 최대한 살리면서 아기가 잘 먹을 수 있는 건강한 음식을 만드는 데 초점을 두고 있어요.

또한 버려지는 레시피 없이 최대한 많이 만들어 보실 수 있도록, 흔하게 접할 수 있는 재료를 다양한 조리법으로 활용하고 있어요. 요리 초보도 쉽게 이해할 수 있도록 메뉴마다 상세한 팁을 담았으며, 일부 레시피는 영상으로도 제작하여 말로 상세히 담을 수 없는 부분까지 전달하고자 했어요.

제가 그랬듯 처음 유아식을 시작하며 막막한 분들에게, 건강한 유아식을 만드는 데 이 책이 조금이나마 도움이 되기를 바랍니다.

마지막으로,
아내의 새로운 꿈을 응원해 주고 책을 준비하는 동안 단이의 주양육자로서 헌신해준 남편에게, 먹거리를 비롯해 다소 유난스럽다 느낄 수 있는

프롤로그

저의 양육관을 존중하고 따라주신 양가 어른과 가족들에게, 제가 해 준 음식을 맛있게 먹어주며 엄마에게 용기를 준 단이에게 고맙다는 말을 전합니다.
그리고 누구보다 무염식을 잘 이해하는 편집자로서 출판이라는 꿈을 실현하게 도와주신 아 퍼블리싱 안소정 대표님께도 깊은 감사를 전합니다.

단이의 아이주도식 이야기

아이주도식을 빼고 단이의 유아식을 이야기하긴 힘들 것 같아요.
단이가 10개월이던 때 숟가락으로 죽을 먹여주니 숟가락을 밀치거나 뺏으려는 행동을 하기 시작했어요.
초보 엄마는 먹기 싫다는 의사 표현인가 했는데, 여러 번 지속되어 관찰해 보니, 자기주도 성향이 강한 아기라 스스로 먹고 싶어 하는 거였더라고요.
하지만 10개월 아기가 숟가락으로 죽을 먹는 것은 거의 불가능하고, 손으로 먹게 두자니 제대로 먹기도 힘들 것 같고 난장판을 치울 용기도 없어 답답함에 며칠을 밤늦게까지 인터넷을 뒤졌던 기억이 나요.
그러던 중 아이주도 이유식이라는 것을 알게 되고, 'BLW 연구소'라는 아이주도식 카페를 알게 되어 도움을 받아 본격적으로 아이주도 이유식을 시작하게 되었어요.
아기가 손으로 직접 잡고 먹기 쉽도록 고형식 위주의 음식을 주어야 해서, 죽을 만드는 것보다 시간도 오래 걸리고, 식사 시간과 치우는 시간도 더 오래 걸려 처음엔 힘들기도 했는데요. 당시에는 선택의 여지 없이 단이가 원하는 대로 식사를 하게 해준 것뿐인데, 지금 돌아보면 스스로 다양한 음식을 탐색하며 즐겁게 식사를 할 수 있게 된 첫걸음이 되었어요.

무염 유아식, 보다 맛있고 즐겁게!

이 책에서 사용하지 않는 것과 대신 활용하는 것

이 책에서는 가염 제품은 물론, 가당 제품과 밀가루도 사용하지 않고 건강하게 만든 메뉴들을 소개하고 있어요.

❌ 사용하지 않는 것	⭕ 대신 활용하는 것
가염 제품(소금, 간장 등)	채소육수, 아기 치즈 등
가당 제품(설탕, 올리고당 등)	사과, 배
밀가루	쌀가루, 전분가루, 아몬드가루

✓ 예외적으로 염분이 포함된 가공식품인 두부, 아기 치즈, 떡, 쌀소면은 사용합니다.

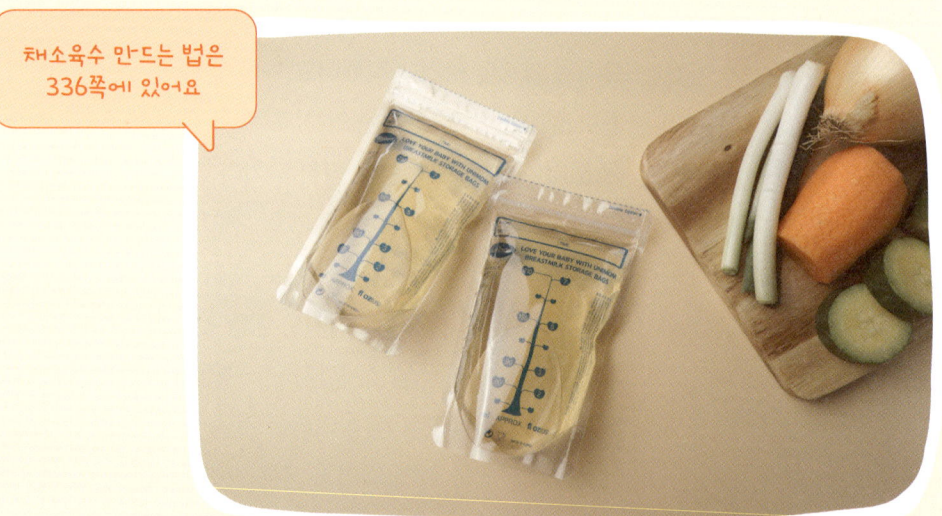

채소육수 만드는 법은 336쪽에 있어요.

무염식 이야기 QnA

왜 무염식을 해야 할까요?

아기들은 신장이 미성숙하여 일반적으로 두 돌까지 무염식 하는 것을 권장하고 있어요. 대부분의 식재료는 재료 자체에 염분을 함유하고 있는데요. 어른이 느끼기엔 미미한 정도이지만, 두 돌 이전의 아기는 별도의 조미료로 간을 하지 않고 자체 염분만으로도 신체에 필요한 염분을 충분히 섭취할 수 있다고 해요.
일찍부터 간을 한 음식을 접하고 짜게 먹는 습관이 생기면, 성인이 되어서도 그 식습관이 유지될 가능성이 높고 이는 성인병 발생 위험을 높일 수 있어요.

어른이 먹기에 밍밍한 무염식, 아기도 맛없지 않을까요?

이제 막 다양한 식재료를 접하기 시작한 아기들이 재료 본연의 맛을 느끼고 즐기기 위해서는 무염식이 더더욱 필요해요.
가염식에 길들여진 어른의 입에는 아주 심심하게 느껴지겠지만, 다양한 재료를 다양한 조리 방법으로 접하는 것만으로도 아기들은 '먹는 것'을 즐길 수 있어요.

밥 안 먹는 아기, 저염식을 시작해야 할까요?

아이마다 다를 수 있지만, 단이의 경우 밥을 잘 먹지 않는 시기가 왔을 때 간을 한다고 해서 더 잘 먹지 않더라고요. 처음엔 더 잘 먹는다 싶어도 간을 한 음식에 익숙해지면 다시 원래 먹는 양으로 돌아가게 될 가능성이 커요. 가염 여부만큼 식감이나 조리 방식, 식재료 등에 대한 기호도도 영향을 미칠 수 있어요. 우선 음식에 변화를 주며 다양하게 시도해 보세요.

기관(어린이집)에 들어간 아기, 무염식을 그만해야 할까요?

한두 번 간이 된 음식을 먹었다고 해서, 아기가 무염식을 안 먹게 되지는 않아요. 하지만 계속 먹게 되면 무염식이 전보다 맛없게 느껴질 수 있어요. 어른도 자극적인 음식에 입맛이 길들여지면, 전보다 더 자극적인 음식을 계속 찾게 되는 것처럼요. 어린이집에 입소하게 되면, 어쩔 수 없이 가염식을 먹게 돼요. 그럼에도 전처럼 집에서 무염식을 곧잘 먹는다면 상관없지만, 먹는 양이 확연히 줄었다면 가염을 고민해 봐야 해요. 충분히 영양을 섭취하는 것도 중요한 일이니까요.

저염식, 어떻게 시작하는 것이 좋을까요?

두 돌이 되었다고 해서 곧바로 저염식을 시작할 필요는 없어요. 또 저염식을 시작했다고 해서 모든 음식에 간을 할 필요도 없어요. 아기가 잘 먹는 음식은 그대로 무염을 유지하되, 잘 먹지 않는 음식부터 조금씩 가염해 보세요. 가염의 목적은 어른 기준에 맛있게 만드는 것이 아니라, 아이가 더 다양한 재료와 음식을 골고루 섭취할 수 있도록 도와주는 것에 있어요.

편식 없는 아이 키우기

새로운 채소는 최소한으로 조리하기

아이주도식을 시작하며 단이에게 가장 먼저 준 것은 채소 스틱이었어요. 찌기만 하는 최소한의 조리로 만든 채소 스틱도 죽 이유식만 먹어 온 아기에게는 새로운 식감과 맛이 가득한 신세계였을 거라 생각돼요. 재료 본연의 맛을 일찍이 느낄 수 있게 해줘서인지, 단이는 채소도 크게 가리지 않고 꾸준히 잘 먹었어요.

> 어떤 재료든 고형식으로 처음 접할 때는 최소한으로 조리하여 원물부터 줘 보실 것을 권해요.

거부하는 재료도 꾸준히 노출하기

단이는 대체로 잘 먹는 편이지만, 모든 재료를 잘 먹은 것은 아니었어요. 방울토마토가 그런 경우였는데요. 몇 번을 시도해도 먹지 않았는데, 오븐에 오래 구워 선드라이 토마토로 만들어주니 정말 맛있게 먹더라고요. 그 이후로는 그냥 생으로 주거나 다르게 요리를 해줘도 잘 먹어서 참 신기했어요. 어떤 음식을 맛있게 먹은 경험 하나가 식재료에 대한 기호를 완전히 바꾸기도 하더라고요.

> 거부하는 재료가 있을 때는 식사 섭취량을 걱정하여 당장 노출을 제한하는 것보다는, 억지로 먹이지는 않되 꾸준히 노출하며 두어 번 권하여 섭취할 기회를 주세요. 새로운 조리 방법으로 만든다거나, 좋아하는(익숙한) 다른 재료를 함께 사용하여 요리한다거나 하는 변화도 주고요. 이러한 노력이 장기적으로 편식하는 식습관을 들이지 않는 데 도움이 될 거예요.

올바른 식습관, 식생활 태도 기르기

건강한 음식을 먹는 것만큼이나 어떻게 먹는가, 즉 올바른 식습관과 식생활 태도를 길러주는 일이 중요해요. 영유아기의 식습관은 평생 식습관의 기초가 되기 때문이에요.

놀거리 없이 온전히 식사에 집중할 수 있게 도와주세요.

식사 시간에는 장난감, 영상 등의 다른 놀거리를 제한하는 것이 좋아요. 음식을 보고 만지며 느끼는 일에 집중해 음식에 대한 관심도와 식사에 대한 흥미를 높일 수 있어서예요. 이를 위해서는 부모도 식사 시간에 TV나 휴대폰을 보지 않는 게 좋아요. 어른에게도 일관된 규칙을 적용해야 아기가 혼란스럽지 않아요.

정해진 장소에서 정해진 시간 내에 먹는다는 규칙을 알려주세요.

식사에 집중하지 않고 식사 시간이 지나치게 길어지면, 식사를 종료하고 음식을 치워 정해진 시간 내에 식사한다는 규칙을 알려주세요. 돌아다니면서 먹지 않고 정해진 장소(주방)에서 먹는다는 규칙도 명확히 해 두는 게 좋아요. 먹는 공간과 노는 공간이 분리되어야 더 집중해서 식사할 수 있어요.

식사 전후 간식 섭취를 제한하세요.

간식이 주가 되지 않도록 하는 것도 중요해요. 식사 1~2시간 전부터는 간식을 되도록 섭취하지 않도록 하고, 먹더라도 식사를 방해하지 않을 정도로 간단히 제공하세요. 식사를 제대로 하지 않았다고 간식으로 보충하는 일이 여러 번 반복될 경우, 간식을 먹기 위해 밥을 먹지 않는 악순환으로 이어질 수 있어요.

스스로 먹는 연습을 하도록 도와주세요.

일찍부터 스스로 먹는 아이주도식을 시작한 아이들은 스스로 재료를 탐색할 수 있는 기회를 얻게 되고, 스스로 먹을 음식과 양을 정할 수 있어 식사 시간을 더욱 즐거워해요. 손으로 음식을 집어 입에 넣는 것으로 시작해 숟가락, 포크와 같은 식기류를 제대로 사용하기까지는 일반적으로 몇 개월이 걸리는데요. 처음엔 먹는 양보다 흘리는 양이 더 많기도 해요. 한동안은 식사 후 정리하고 치우는 게 쉽지 않지만, 그 기간을 잘 버티면 아이가 스스로 밥 먹는 동안 어른도 편하게 식사할 수 있는 때가 오더라고요. 주체적으로 식사하는 습관을 기르는 것은 장기적으로 아이와 부모, 모두에게 도움이 돼요.

> 아기가 집기 쉽도록 고형식을 제공하게 되는데, 경우에 따라 질식 위험이 있을 수 있으니, 식사할 때 잘 살펴봐 주세요.(영유아 하임리히법을 꼭 숙지해 두세요.)

> 아기 식탁 트레이까지 덮을 수 있는 일체형 턱받이를 사용하면 식사 후 치울 때 조금 수월해요.

균형 잡힌 식단 짜기

탄/단/채 갖춘 식단

영유아기의 영양은 아기의 성장과 발달을 위해 아주 중요해요. 그래서 균형 잡힌 식단으로 충분한 영양 공급을 도와줘야 하는데요. 전문가가 아니라면, 매 끼니 모든 영양소를 고려하여 식단을 짜기란 쉽지 않아요.
아래와 같이 크게 3가지로 나누어 한 가지씩은 포함되도록 식단을 구성하면, 조금 수월하게 균형 잡힌 음식을 제공할 수 있어요.

✓ 빠진 것이 있다면, 다음 끼니에는 되도록 챙겨 주세요.

01 핵심 에너지원인 **탄수화물**	02 성장의 기초가 되는 **단백질**	03 필수 영양소가 풍부한 **채소류**
곡물 (쌀, 현미 등), 구황작물 (감자, 고구마 등)	고기, 생선, 달걀, 콩류(두부) 등	녹황색 채소 (시금치, 당근 등), 담색 채소 (무, 양배추 등)

재료 궁합을 참고한 식단과 메뉴

재료 간 궁합을 살펴보는 것도 식단을 구성하거나 새로운 음식을 만드는 데 도움이 돼요. 참고하여 식단 아이디어로 활용해 보세요.

01 식단 — 메인 메뉴 1가지를 고르고, 궁합이 좋은 재료로 만든 다른 메뉴 추가하기

예시
① 메인 메뉴로 함박스테이크 선택
② 소고기와 궁합이 좋은 두부 메뉴 추가 > 김 두부스틱
③ 소고기, 두부와 궁합이 좋은 브로콜리 메뉴 추가
　> 브로콜리 갈릭버터구이

식단 구성
쌀밥, 함박스테이크,
김 두부스틱,
브로콜리 갈릭버터구이

02 메뉴 — 주재료 1가지를 고르고, 궁합이 좋은 다른 재료 더하기

예시
고구마 + 브로콜리 > 고구마 브로콜리 그라탱
미역 + 두부 > 미역 두부전
돼지고기 + 부추 > 돼지고기 부추전

더 건강한 식단을 위한 팁

영양소 파괴를 최소화하면 좋아요.

찌는 것 > 물/채소육수로 볶는 것 > 기계에 굽거나 기름에 볶는 것 순으로 권장해요. 찌기만 해도 아기가 잘 먹는 재료라면, 꼭 여러 조리 단계를 거쳐 요리할 필요는 없어요. 오히려 영양 면에서도 우수하니, 엄마도 편하고 아이한테도 좋아요.

기름 사용을 줄이면 좋아요.

적당량의 지방 섭취는 필요한데요. 유아식을 막 시작한 아이들은 소화기관이 아직 미성숙하여 많이 섭취할 경우 소화, 흡수가 잘되지 않아요. 튀긴 요리 등 너무 기름진 요리에는 포화지방이 많으므로 섭취하지 않는 게 좋아요.

> **기름 사용 줄이는 TIP**
>
> - 기름에 볶는 대신 채소육수나 물을 사용해 물볶음을 하면 좋아요.
>   ※ 물볶음 하는 방법 : 채소를 채소육수나 물로 볶을 때는 재료량에 따라 1~2숟가락 넣고, 약불로 볶으세요. 덜 익었는데 눌어붙으려고 하면 육수 또는 물을 추가하여 볶고, 다 익었는데 바닥에 물기가 남았다면 중불로 높여 수분을 날리면(없애면) 돼요.
> - 팬에 기름을 두를 때는 키친타월로 한 번 가볍게 닦아내면 사용량도 줄이고, 팬에 기름을 골고루 묻힐 수 있어요.
> - 고기가 들어간 볶음 메뉴는 코팅 팬에 기름 없이 고기부터 볶고 핏기가 가시면 나머지 재료를 넣어 볶아요.
> - 바삭한 식감을 내고 싶으면 기름에만 튀기는 대신 기름 두른 팬에 먼저 살짝 굽고 오븐 또는 에어프라이어로 옮겨 완전히 익혀요.
> - 전 메뉴는 실리콘 머핀틀에 반죽을 얇게 부어 오븐 또는 에어프라이어에 익히면 기름 없이 구울 수 있어요.

무염 유아식 가이드

식사에 즐거움을 더하는 팁

음식을 늘 예쁘게 만들 필요는 없지만, 같은 재료라도 아이가 좋아하는 모양으로 손질해 주면 음식에 조금 더 호기심을 느낄 수 있어요. 채소 모양 틀이나 주먹밥틀 등 모양내기 도구를 활용해 보세요. 치즈처럼 쉽게 찍을 수 있는 재료는 아기가 직접 모양을 찍어볼 수 있게 시도해 보는 것도 좋아요. 요리에 참여하는 것 역시 음식과 친해질 수 있는 방법 중 하나예요.

식판 고르는 법

여러 반찬을 담을 수 있는 3~5구 식판 하나와 한 그릇 요리를 담을 수 있는 넉넉한 크기의 볼 하나는 준비해두는 것이 좋아요. 숟가락, 포크를 능숙하게 쓰게 되기 전까지는 아기가 식판을 쉽게 엎을 수 없게 흡착 식판을 주로 사용했어요. 소재는 깨지지 않게 실리콘으로 사용하고요.
실리콘 식판을 고를 때는 아기 하이체어에 흡착이 잘 되고 크기가 맞는지 미리 확인하세요.

이 책에선 이렇게 요리해요!

기본 식재료

채소 & 과일

껍질째 섭취하거나, 병충해에 약해 농약을 많이 사용하는 편인 채소, 과일은 친환경 농산물(유기농/무농약)을 구매하는 것이 좋아요.

예시 브로콜리, 토마토, 시금치 등

> **친환경 농산물 인증 2종류**
> ① 유기농산물 : 3년 동안 합성농약과 화학비료를 사용하지 않고 재배
> ② 무농약농산물 : 합성농약을 전혀 사용하지 않고 화학비료는 권장량 이내 사용

- 친환경 농산물이 아니라면 세척을 더 꼼꼼히 해 주세요. 식품의약품안전처에 따르면, 물에 잠기도록 5분 이내로 담가두고 손으로 저으면서 씻다가, 흐르는 물에 30초 헹궈 주면 잔류 농약 제거에 도움이 된다고 해요.

- 브로콜리는 꽃봉오리가 열리게끔 물에 잠기도록 뒤집어 10분 정도 두었다가 흔들어 세척하고, 자른 후 흐르는 물에 두어 번 더 씻어 주세요.

- 바나나는 줄기에 방부제를 사용하는 경우가 많아 줄기 쪽 1cm 정도는 잘라내고 먹는 것이 좋아요. 그리고 꼭 반점(슈가스팟)이 생긴 잘 익은 바나나를 사용해 주세요. 덜 익은 바나나는 변비를 유발할 수 있어요.

- 브로콜리, 시금치와 같이 한 번에 조금씩만 쓰는 채소는 냉동했다가 사용해도 돼요. 브로콜리는 찌거나 데쳐서 보관, 시금치는 데쳐서 조금씩 나눠 담아 보관하세요.

- 토마토는 껍질을 제거할 때 아랫면에 칼집을 내면 더 잘 벗겨져요.

레시피 가이드

육류(소고기, 돼지고기, 닭고기)

항생제나 호르몬을 사용하지 않고 자연 친화적으로 더 건강하게 키운 육류를 사용하면, 육류 섭취로 생길 수 있는 질병을 예방하고 성장에 도움을 줄 수 있어요.

소고기

- 우둔/설도 부위를 주로 사용해요. 이 책에서는 어린 아기들도 씹기 편하고 다용도로 사용하기 좋은 소고기 다짐육을 자주 사용해요. 정육점에서 구매할 때 다져 달라고 요청하거나 온오프라인 매장에서 다져진 것을 구매하면 돼요.
- 사용 전에 키친타월로 핏물을 닦아내면 냄새 제거에 좋아요.

돼지고기

- 등심/안심 부위를 주로 사용해요. 기름기가 적은 부위를 사용하는 것이 좋아요.

닭고기

- 사용 전에 우유/분유/쌀뜨물에 20분 정도 담가 비린내를 제거해요.
- 안심은 껍질과 힘줄을 제거하고 사용해요.
- 닭다리 껍질은 키친타월로 잡고 뜯으면 잘 벗겨져요.

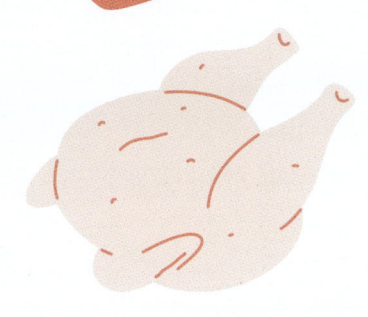

달걀

완전식품이라 불리는 달걀은 유아식을 만들 때 자주 사용하게 되는 재료 중 하나예요.
다음 내용을 참고하여 구매하시면 좋아요.

1. 난각번호 확인하기

달걀은 사육환경 표시제에 따라 사육환경 번호를 적게 돼 있어요.
달걀 껍질에 써진 난각번호 중 마지막 번호가 이를 나타내는데요. 숫자가 낮을수록 덜 밀집된 곳에서 자란 닭이 산란했다는 뜻으로, 1 또는 2가 쓰인 것으로 구매하는 것이 좋아요.

2. 인증 여부 확인하기

유기농 > 동물복지 > 무항생제 순으로 더 나은 환경에서, 좋은 사료를 먹고 자란 닭이 생산한 달걀인 경우가 많아요.

① 무항생제 인증	항생제 성분이 없는 사료를 먹고 자란 닭이 산란한 달걀
② 유기농 인증	무항생제 인증 요건 + 유기농 사료 원료 사용
③ 동물복지 인증	사육 밀도를 비롯해 특정 조건을 갖춘 환경에서 자란 닭이 산란한 달걀

저는 유기농 달걀은 가격이 부담돼서, 주로 동물복지 인증 달걀을 구매하고 있어요. 코스트코 달걀이 비교적 저렴해 자주 구매해요.

두부

- 수입 콩으로 만든 두부 대부분에는 GMO 유전자가 있어, 국산/Non GMO 제품으로 구매하길 권장해요.(콩나물도 동일)
- 이 책에서는 순두부, 연두부로 표기된 것을 제외하고는 단단한 두부(찌개/부침 겸용 또는 부침용)를 사용해요.

레시피 가이드

○ 대부분의 두부는 만드는 과정에서 응고를 위해 간수(천일염을 제조할 때 나오는 부산물)를 넣어요. 실온에 30분 정도 두거나 잠시 끓는 물에 데쳐서, 간수를 제거하고 사용하면 좋아요. 처음 사용하고 남은 두부는 찬물에 담가 물을 갈아주며 냉장 보관 후 바로 사용해도 돼요.

순살 생선

사용 제품
아린이네 생선가게 순살 생선구이

생선으로 섭취하는 단백질도 고기의 단백질 못지않게 중요한데요. 저는 익힐 필요 없이 데우기만 하면 되는 아린이네 순살 생선구이 제품을 사용하고 있어요. 무염, 무첨가, 무보존료 생선구이 제품이고, 수분을 이용해 굽는 특수 오븐구이로 아기 한 끼 먹는 양만큼 담겨 있어서 편하고 좋아요. 가자미까스/찜, 고등어 주먹밥 등 이 책의 레시피를 활용할 때도 이 제품을 사용하면 조리 시간을 줄일 수 있어요.

현미유(식용유)

사용 제품
라온 현미유

발연점이 높아 저온에서 볶는 요리와 고온 조리까지 두루두루 사용할 수 있어 좋아요. 콜레스테롤과 트랜스 지방을 함유하지 않아 더 안심도 되고요. 다른 기름보다 건강에 좋은 항산화 성분이 많아요. 향도 거의 없어 음식 맛을 해치지 않아요.

TIP 유전자 변형을 하지 않은 Non-GMO 국산 제품을 추천해요.

쌀가루

사용 제품
청오 유기농 쌀가루

밀가루 대신 빵과 전, 핑거푸드 등 다양한 요리에 사용해요. 밀가루보다는 더 수분감 있게 완성되지만, 빵처럼 형태를 잡는 용도로는 부족함이 없어요.

TIP 이유식용 쌀가루인 건식 쌀가루를 사용해요.

사용 제품
청은 감자전분

전분가루(감자전분)

전분가루는 감자전분을 사용해요. 밀가루 대신 재료를 뭉쳐야 할 때 사용하기 좋아요. 덮밥류를 할 때도 전분물을 만드는 데 사용해요.

TIP 제품에 따라 밀가루를 함유한 제품도 있는데, 국산 감자전분 100% 제품을 추천해요.

사용 제품
모던구루 국산 유기농 오트밀

오트밀

오트밀에는 철분, 마그네슘 등 백미로 충분히 섭취할 수 없는 영양소가 다양하게 들어있어요. 이 책에서는 죽이나 그라탱을 만들 때 활용하고 있어요.

TIP 첨가물 없이 100% 귀리인 제품을 고르세요. 유기농 제품이면 더욱 좋아요.

무염식 맛 내기 아이템

사용 제품
담은수 채소육수 티백

채소육수

채소육수는 맛을 내기 힘든 무염식에 깊은 맛, 감칠맛을 더해주는 아이템 중 하나예요. 책에 있는 레시피(336쪽 참고)대로 직접 만들어도 되지만, 시판 제품을 사용하면 조금 더 수월하게 요리할 수 있어요.

TIP 첨가물 없이 국내산 원물 100% 제품을 추천해요. 처음 섭취하는 재료가 있다면, 알레르기 테스트 후 섭취하길 권장해요.

사용 제품
농부플러스 저온압착
참기름, 들기름

참기름, 들기름, 깨(참깨, 들깨, 검은깨)

고소한 맛을 더하는 참기름, 들기름과 깨도 무염식에 아주 유용해요. 각종 항산화 물질이 풍부해 건강에도 좋고요. 고온 조리는 몸에 해로울 수 있어 조리가 끝나고 마지막에 소량만 넣는 것이 좋아요.

- ✓ 들기름은 산패하기 쉬우니 냉장 보관해 주세요.
- ✓ 통깨는 그냥 사용하는 것보다 절구에 빻아서 사용하는 것이 훨씬 고소해요.

TIP 발암물질로 알려진 벤조피렌이 발생하거나 영양소가 파괴될 수 있으니, 저온에서 착유된 저온 압착 제품을 추천해요. 들깻가루는 입자가 고운 들깻가루(탈피/볶음)가 좋아요.

사용 제품
쿠킹스토리 아몬드가루

아몬드가루

시판 빵가루, 튀김가루에는 소금 및 첨가물이 포함되어 있어 무염식에는 적합하지 않아요. 대신에 아몬드가루를 사용하면 더 건강하게 요리할 수 있어요. 밀가루 대신 베이킹 할 때 자주 활용해요.

TIP 첨가물 없이 아몬드 100%인 제품을 추천해요. 시판 아몬드가루는 대부분 미국산으로, 제품별 차이가 크지 않아요.

사용 제품
심플리오가닉 갈릭파우더
& 어니언파우더

갈릭파우더, 어니언파우더

마늘은 한식에 빼놓을 수 없는 재료 중 하나인데요. 다진 마늘을 사용하기 부담스럽다면 갈릭파우더로 대체해도 돼요. 향이 강하지 않아서 다양한 요리에 무난하게 사용할 수 있어요. 어니언파우더 역시 채소볶음이나 육류 요리에 사용하면 감칠맛을 더해줘요. 이 밖에도 다양한 채소 가루를 활용하면 더 풍부한 맛을 낼 수 있어요.

TIP 저는 유기농 제품을 직구해 사용하고 있는데, 입자가 고운 제품이면 어떤 것이든 상관없어요.

사용 제품
상하목장 유기농 아기 치즈

아기 치즈

유아식, 특히 크림소스 요리를 만들 때 치즈를 활용하면 부족한 맛을 채워줘요. 1일 권장섭취량을 지켜서 사용해 주세요.

TIP 되도록 나트륨은 적고, 칼슘은 높은 제품으로 골라요.

사용 제품
베베쿡 처음먹는
어린이김(0 STEP)

아기 김

김 싫어하는 아기는 잘 없더라고요. 간단하게 주먹밥에 넣어도 맛있고 전, 죽 등에 활용해도 무염식의 심심함을 줄여줘요.

TIP 기름, 소금, 간장을 쓰지 않은 무가염 김을 추천해요.
국산 유기 인증 김이면 더욱 좋아요.

사용 제품
프레지덩 무염 버터

무염 버터

버터도 잘 사용하면 음식의 풍미가 훨씬 좋아져요. 채소를 구울 때, 베이킹 할 때, 팬케이크를 만들 때 사용하면 더 맛있어져요.

TIP 원재료명에 가공 버터가 기재된 제품은 피하세요. 유크림/유지방이 95% 이상인 천연 버터 제품을 추천해요. 가공 버터에는 첨가물이 다량 함유되어 있고, 트랜스 지방도 많아요.
작게 포장된 포션 버터를 구매하거나, 작게 잘라 종이호일에 싸서 냉동해 두면 사용하기 편해요.

가염, 가당 제품

사용 제품
아이배냇 순간장
다온 첫단추 쌀조청

아기 간장, 조청

레시피에 넣은 '저염 포인트'의 아기 간장과 조청은 이 제품들을 사용했어요. 아기 간장은 맛과 향이 진하지 않아 저염식 초기에 쓰기 좋아요. 다온 쌀조청은 곡물당이라 안심되고 일반적인 조청보다 조금 묽은 농도라 사용하기 편해요.

재료 구매처

저는 구매 제품에 따라, 편의에 따라, 온라인/오프라인 매장을 다양하게 이용해요.
유기농 제품으로 구매하는 것들은 유기농 매장(생협 오아시스, 한살림 등)을 많이 이용하는데, 요즘은 온라인몰(컬리, 쿠팡 등)에도 다양한 친환경 제품을 판매하더라고요.

조리 도구

냄비/프라이팬

유해 물질의 위험이 있는 불소수지 코팅 제품 대신 스텐, 세라믹 제품을 사용하고 있어요. 스텐 냄비는 물볶음 하거나 국물요리 할 때, 세라믹 프라이팬은 볶음, 전 요리를 할 때 사용하기 좋아요. 세라믹 팬은 1분간 약불로 예열하고, 센 불 사용을 자제하면 음식이 들러붙지 않아요.

사용 제품
글라스락 스텐 이유식 냄비,
그린팬 프라이팬 & 멀티플렉스팬,
네오플램 프라이팬

찜기

기존에 쓰던 큰 스텐 냄비에 찜기 채반(삼발이 찜기)만 얹어서 사용해도 되는데요. 유아식에서는 쪄서 만드는 요리가 많다 보니, 전용 찜기를 하나 두어도 편리하더라고요. 제가 쓰는 제품은 건식 사우나 원리로 재료를 찌는 제품인데, 일반 찜기보다 더 맛있게 쪄져서 만족하며 쓰고 있어요.

사용 제품
쉬젤 웰빙쿠커

전자레인지 찜기

재료를 간편히 익힐 때나, 해동할 때 자주 사용해요. 실리콘 재질이 안심하고 사용하기 좋아요.

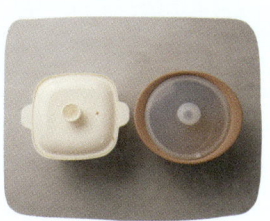

사용 제품
실리만, 퍼기 실리콘 찜기

사용 제품
실리만

머핀틀

빵을 만들 때 사용해요. 내열 온도가 높은 오븐, 에어프라이어에 사용할 수 있는 제품을 구매해야 해요. 실리콘 재질이 안심하고 사용하기 좋고, 틀에서 빵이 잘 분리되어 좋아요.

칼/도마

저는 무게감 있는 칼이 안정감 있어서 좋더라고요. 칼이 무뎌지면 칼질하기 힘드니, 주기적으로 칼을 갈아 관리해 주세요. 칼갈이는 온라인몰에서 비싸지 않게 구매할 수 있어요.
도마는 가볍고 관리하기 쉬운 TPU 도마를 사용했어요. 색 배임에 강한 짙은 색이 좋아요. 교차 오염 우려가 있으니, 육류용과 채소용을 따로 정해두고 사용하는 것이 좋아요.

사용 제품
헹켈 칼, 모도리 도마

조리 스푼

작은 냄비를 사용하다 보니, 조리 스푼도 일반 조리 스푼보다는 작은 사이즈가 편하더라고요. 실리콘 제품을 사용해요.

사용 제품
글라스락 베이비 실리콘 조리 스푼

미니 주걱

적은 양을 조리할 때 편해요. 전이나 달걀말이 만들 때, 반죽 섞을 때 등 다양하게 활용하기 좋아요.

사용 제품
데일리라이크 봉봉
실리콘 미니 스파출러

뒤집개

가장자리가 얇아서 프라이팬에서 무언가 긁어내듯 떼어낼 때 사용하기 좋아요. 면적이 좁은 편이라 아기 전 요리에 적합해요.

사용 제품
실리만 캠핑 트래블러
실리콘 뒤집개

감자칼

채소 껍질 벗길 때도 유용하지만, 채소를 아주 얇게 채 썰거나 다질 때 감자칼로 얇게 한 번 자르고 칼로 자르면 편해요.

사용 제품
메리안티 감자칼

매셔

감자, 고구마를 으깰 때 주로 사용해요. 손잡이가 양쪽으로 이어진 올 스텐 제품을 추천해요. 한쪽만 이어지는 건 힘줘서 으깨면 휘어지기도 해서 불편하더라고요.

사용 제품
파켈만 감자으깨기

계량 도구 및 계량법

밥숟가락, 티스푼

이 책에서는 집에서 가장 흔하게 사용하는 밥숟가락과 티스푼으로 계량하고 있어요.

가루 계량

쌀가루 1숟가락(10g) / 1티스푼(4g)
✓ 살짝 소복한 정도로 담아요.

액체 계량

채소육수 1숟가락(9ml) / 1티스푼(4ml)
✓ 넘치지 않을 정도로 담아요.

다진 마늘 계량

1/4티스푼(2g) / 1/3티스푼(3g)
✓ 얇게 펴서 냉동한 것을 조금씩 잘라서 담아요.

저울

요리할 때는 되도록 전자저울을 사용해 정확히 계량하는 것이 좋아요. 많은 양을 계량할 일이 거의 없어서 1kg까지만 측정할 수 있으면 돼요.

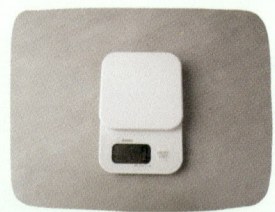

사용 제품
드레텍 전자저울

요리하기 전에 꼭 확인하세요

알레르기 테스트

처음 접하는 재료는 알레르기 테스트를 먼저 거친 뒤에 음식에 사용해 주세요. 알레르기 유발 식품군인 달걀, 유제품, 견과류, 새우, 생선은 특히 유의해 주세요.

재료 세척

레시피에 명시되어 있지 않아도, 모든 채소는 깨끗이 세척하는 것을 기본으로 해요. 생고기를 다룰 때 조리대와 고기에 닿은 모든 기구는 바로 깨끗이 세척해 주세요.

재료 입자 조절하기

아기의 개월 수 및 치아 발달 상태, 저작 능력에 따라, 재료를 손질할 때 크기를 조절해 주세요. 무조건 작게 다지는 것보다 어느 정도 입자가 있도록 손질하여 재료의 맛과 식감을 느낄 수 있도록 하는 것이 좋습니다.

재료 대체하기

- 우유는 분유로 대체 가능해요.
- 달걀 흰자 알레르기 아기의 경우, 달걀 1개는 노른자 2개로 대체 가능해요.
- 다진 마늘은 갈릭파우더로 대체 가능해요.
- 사과, 배를 갈아 사용하는 요리는 즙이나 퓌레로 대체 가능해요.
- 밀가루를 사용하고 있다면, 쌀가루는 밀가루로 대체 가능해요.(빵은 체에 쳐서 사용)

오븐 또는 에어프라이어/전자레인지 조리

- 오븐, 에어프라이어 조리 시 속까지 재료가 잘 익도록 같은 온도로 10분간 예열한 후 사용해요.
- 오븐, 에어프라이어 조리 시 기계마다 재료가 익는 온도나 시간이 다를 수 있어요. 레시피의 조리 시간 종료 5분 전에 타지 않는지 꼭 미리 확인하고, 이미 노릇하게 조리가 완료되었다면 조리를 중단해도 돼요. 시간이 다 되었는데도 음식이 덜 익었다면 조리 시간을 조금씩 늘려주세요. 익는 속도가 더디면 온도를 10도 정도 높여도 돼요.
- 전자레인지를 사용할 때도, 출력에 따라 걸리는 시간이 다르므로 필요하다면 시간을 조절해 주세요.

보관 기간

음식의 보관 가능 기간은 냉장/냉동 조건에 따라 다를 수 있어요. 신선한 상태로 최대한 빨리 소진하되, 주기 전에는 변질 여부를 확인해 주세요.

레시피북 응용 팁

한 가지 소스로 여러 가지 요리를 해 보세요.
리조또 소스에 밥 대신 쌀소면을 넣으면 쌀국수, 떡을 넣으면 떡볶이가 돼요.
레시피를 응용하여 리조또, 파스타, 덮밥, 떡볶이 등 다양한 요리를 만들어 보세요.

저염식 첫걸음 TIP

- 간장, 소금 등의 조미료를 사용하기 전에 멸치/다시마 육수를 활용해 보세요. 조미료보다는 덜 자극적이지만, 무염식보다는 더 감칠맛 있게 요리할 수 있어요.

- 간장은 농도를 확인하고 아이용 저염 간장으로 구매하는 것이 좋아요.

- 나트륨 섭취를 많이 하게 되는 국물요리는 자주 주지 않아요. 만들 때는 국물보다 건더기가 많게 만들되, 염도계를 준비해 염도를 확인하면 좋아요.(0.4 이하 권장)

- 가당식을 시작할 때는 일반 설탕보다 곡물당(요리용 조청 등) 또는 비정제 사탕수수당(원당)을 사용하는 것이 좋아요. 정제당인 일반 설탕은 다른 영양소 없이 당으로만 이루어져 있어 혈당을 빠르게 증가, 하락시켜 좋지 않아요.

이 책의 활용법

메뉴 설명
재료별 영양 정보, 요리 활용 방법 등 간략한 메뉴별 설명을 담았어요.

요리 전 읽어 두면 좋은 메뉴별 기본 정보로, 메뉴를 고를 때 참고하기 좋아요.

재료
정확한 재료 양과 아기가 몇 회 먹을 수 있는 양인지 적었어요.

생략 가능한 재료는 뒤에 '선택' 문구를 적어 두었어요. 아이마다 먹는 양이 다르니 양은 가볍게 참고만 해주세요.

TIP
대체 재료와 주의할 점, 레시피 응용 방법 등 상세한 팁을 담았어요.

요리 초보도 더 쉽고 맛있게 요리를 완성할 수 있도록 자세한 설명을 적었어요.

보관 및 데우는 법
보관 방법과 보관 기간, 데우는 방법을 적었어요.

음식이 남았을 때도 참고하여 걱정 없이 보관할 수 있어요.

저염 포인트
간을 할 경우 어떤 과정에서 어떤 조미료를 얼마나 넣어야 하는지 표시했어요.

처음 간을 시작하는 아이들에게도 자극적이지 않게 최소한의 양만 적었어요. 가염식에 익숙하면, 평소 가염 정도에 맞게 조절하면 돼요.

QR코드
더 쉽게 레시피를 이해할 수 있도록, 일부 메뉴는 요리 영상으로 연결되는 QR코드를 삽입했어요.

스마트폰의 카메라앱을 작동시켜 QR코드를 스캔하면 해당 메뉴의 레시피 영상 링크로 이동할 수 있어요. 영상을 함께 활용하면 글과 사진에 담기기 힘든 부분까지 쉽게 이해할 수 있어요.

Part 1

밥과 죽

밥 한 그릇에 영양이 가득, 쉽고 편한 전기밥솥 별미밥

별미밥

제철 채소를 맛있게 즐기는 쉬운 조리법

채소를 넣어 만드는 별미밥은 어른까지 함께 먹을 수 있어 더욱 좋아요.
솥밥도 좋지만, 전기밥솥에 지어도 편하고 맛있어요.

034 **모둠버섯밥**

036 **뿌리채소밥**

038 **소고기 콩나물밥**

040 **초당옥수수밥**

042 **닭고기 토마토밥**

044 **영양 찰밥**

한 끼에 다 먹을 수 있게 평소 짓는 밥 양에 따라 쌀 양을 조절해 주세요.
채소를 넣어 밥을 지을 때는 밥물을 평소의 90% 정도 넣으면 적당해요.
물 대신 채소육수를 밥물로 쓰면 더 맛있어요.

모둠버섯밥

다양한 버섯의 맛과 영양이 한데 어우러진 별미밥

버섯은 식이섬유도 많고 단백질, 비타민, 미네랄도 풍부해서 균형 잡힌 식단에 유용한 식품이에요. 버섯이라도 종류마다 맛과 향, 씹히는 느낌이 달라서, 여러 가지 종류로 밥을 지으면 풍성한 한 끼가 돼요. 레시피와 같은 종류의 버섯이 아니더라도, 집에 있는 것을 활용해 만들어 보세요.

PART 1 밥과 죽   별미밥 > 모둠버섯밥

요리 순서

재료

새송이버섯 30g
느타리버섯 40g
팽이버섯 30g
표고버섯 1개
채소육수 또는 물 340ml
쌀 2컵(160ml 기준)
참기름 또는 들기름, 깨
조금 선택

* 어른 2명, 아기 2명이
1회 먹는 양

1. 버섯은 먹기 좋게 자르거나 찢는다.

2. 씻은 쌀을 솥에 담고, 채소육수 340ml를 붓는다.

3. 손질한 버섯을 쌀 위에 펼쳐서 얹어, 취사 버튼을 누른다.

4. 잘 섞고 그릇에 덜어, 참기름과 깨를 뿌려 비벼준다.

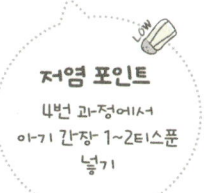
저염 포인트
4번 과정에서
아기 간장 1~2티스푼
넣기

TIP

- 없는 버섯은 생략하고, 다른 버섯 양을 늘려도 돼요.
- 아기 기호에 따라 버섯을 더 작게 잘라도 돼요.
- 백미 또는 백미 쾌속 모드로 취사해요.

+ 어른 간장 양념(2인 기준)
간장 5숟가락, 설탕 2티스푼, 참기름 1숟가락, 다진 마늘 1티스푼, 고춧가루 1/2숟가락, 다진 쪽파 한 줌, 청양고추를 조금 섞은 후 기호에 따라 양을 조절하여 넣어 주세요.

영상으로 보기

뿌리채소밥

뿌리채소 4가지를 넣은 영양밥 한 그릇

연근, 우엉, 당근, 고구마까지 대표 뿌리채소들을 모아 전기밥솥 별미밥을 지었어요.
고구마의 달콤한 맛에 연근, 우엉의 고소한 맛과 식감이 어우러져 밥만 먹어도 맛있어요.
간단한 단백질 요리만 하나 곁들여 함께 드세요.

PART 1 밥과 죽 　　　별미밥 > 뿌리채소밥

**재료**

- 연근 30g
- 우엉 30g
- 당근 30g
- 고구마 100g
- 채소육수 또는 물 340ml
- 쌀 2컵(160ml 기준)
- 참기름 또는 들기름, 깨 조금 선택

* 어른 2명, 아기 2명이 1회 먹는 양

TIP

- 없는 재료는 생략해도 되는데, 고구마는 넣는 게 맛있어요.
- 백미 또는 백미 쾌속 모드로 취사해요.

요리 순서

1 연근은 십자(+) 모양으로 잘라 4등분하고, 고구마는 깍둑썬다. 우엉과 당근은 다진다.

2 씻은 쌀을 솥에 담고, 채소육수 340ml를 붓는다.

3 손질한 채소를 쌀 위에 펼쳐서 얹어, 취사 버튼을 누른다.

4 잘 섞고 그릇에 덜어, 참기름과 깨를 뿌려 비벼준다.

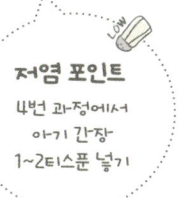

저염 포인트
4번 과정에서
아기 간장
1~2티스푼 넣기

소고기 콩나물밥

아삭한 식감이 살아있는 콩나물밥

다진 소고기를 볶아 콩나물 듬뿍! 이거 하나면 다른 반찬이 필요 없어요.
콩나물을 저수분으로 데쳐 영양소 파괴도 최소화하고 아삭한 식감도 살렸어요.
어른은 간장 양념을 넣어 더 맛있게 드세요.

PART 1 밥과 죽 　　별미밥 > 소고기 콩나물밥

요리 순서

재료

콩나물 200g
소고기 다짐육 150g
참기름, 깨 조금
쌀 2컵(160ml 기준)
채소육수 또는 물 380ml
다진 마늘 1/2티스푼 선택

* 어른 2명, 아기 2명이 1회 먹는 양

TIP

- 밥을 지을 때 버섯을 좀 추가해도 좋아요. 이때 밥물은 평소의 90% 정도로 줄여 주세요.
- 달걀프라이를 곁들여도 돼요.

1 씻은 쌀을 솥에 담고 채소육수 380ml를 부어 취사 버튼을 누른다.

2 손질한 콩나물을 냄비에 담고 물 120ml를 부어 뚜껑을 닫는다. 중불로 끓이다 물이 끓어오르면 5분 후 불을 끈다.

3 콩나물을 건져내 접시에 펼쳐 한 김 식힌 후, 아기 것은 먹기 좋게 자른다.

4 팬에 소고기와 다진 마늘을 넣고 기름 없이 약불로 볶는다.

5 밥 위에 콩나물, 소고기, 참기름, 깨를 얹어 잘 섞는다.

저염 포인트
5번 과정에서 아기 간장 1~2티스푼 넣기

+ 어른 간장 양념(2인 기준)
간장 5숟가락, 설탕 2티스푼, 참기름 1숟가락, 다진 마늘 1티스푼, 고춧가루 1/2숟가락, 다진 쪽파 한 줌, 청양고추를 조금 섞은 후 기호에 따라 양을 조절하여 넣어 주세요.

초당옥수수밥

알갱이가 톡톡 터지는 달콤한 별미밥

5~6월이 제철인 초당옥수수는 아기들이 좋아하는 식재료 중 하나예요.
달콤한 맛, 아삭아삭한 식감으로 찰옥수수와는 또 다른 매력이 있어요.
초당옥수수밥은 가장 간단하게, 초당옥수수 본연의 맛을 잘 느낄 수 있는 메뉴예요.

PART 1 　 밥과 죽　　　　　　　별미밥 > 초당옥수수밥

초당옥수수 1개
당근 50g
채소육수 또는 물 340ml
쌀 2컵(160ml 기준)

* 어른 2명, 아기 2명이 1회 먹는 양

요리 순서

1 옥수수는 칼이나 옥수수 커터로 알을 분리하고, 당근은 다진다.

2 씻은 쌀을 솥에 담고, 채소육수 340ml를 붓는다.

3 옥수수와 당근을 쌀 위에 펼쳐서 얹고 옥수수 속대도 얹는다. 취사 버튼을 누르고, 완료되면 잘 섞는다.

저염 포인트
2번 과정에서 밥물에 소금 조금 넣기

 TIP

- 보통 크기의 옥수수 하나면 충분해요. 큰 옥수수는 일부 남기고 사용하세요.
- 백미 또는 백미 쾌속 모드로 취사해요.

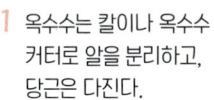 보관 및 데우는 법

보관
남은 것은 냉동하여 2주 내 소진 권장

데우는 법
전자레인지 해동 후 달걀물과 섞어 기름 두른 팬에 밥전으로 굽기

닭고기 토마토밥

새콤달콤 토마토와 닭백숙이 어우러진 촉촉한 별미 밥

닭고기와 토마토는 맛 궁합이 좋아요.
백숙에 토마토를 넣어도 맛있고, 이렇게 함께 넣고 밥을 지어도 맛있어요.
닭백숙 육수로 지은 밥과 푹 익어 새콤달콤하게 익은 토마토가 잘 어우러져요.

PART 1 밥과 죽 별미밥 > 닭고기 토마토밥

 **재료**

닭다리 백숙 절반 분량
320쪽 참고

완숙 토마토 1개

채소육수 또는 물
쌀 2컵(160ml 기준)

참기름 또는 들기름, 깨
조금 선택

* 어른 2명, 아기 2명이
  1회 먹는 양

 TIP

- 닭고기 겉면이 마를 수
  있으니 되도록 토마토 아래에
  넣어 주세요.
- 백미 또는 백미 쾌속 모드로
  취사해요.

요리 순서

1 토마토는 꼭지를 제거하고 십자(+) 모양으로 칼집을 낸다.

2 씻은 쌀을 솥에 담고, 백숙 국물과 채소육수를 총 340ml가 되도록 붓는다.

3 중앙에 닭고기를 얹는다.

4 닭고기 위에 토마토를 얹어 취사 버튼을 누른다.

5 토마토 껍질을 제거하고 잘 섞어 그릇에 담는다. 참기름과 깨를 뿌려 비벼준다.

저염 포인트
2번 과정에서
소금 조금
넣기

영양 찰밥

쫀득쫀득한 식감이 좋은 영양 팥찰밥

경상도에서는 생일에 찰밥을 챙겨 먹어요. 찰밥은 찹쌀을 넣어 찰기가 많고 식감이 쫀득해요. 삶은 팥과 검은콩, 밤을 넣어 영양이 풍부하고 맛도 풍성해요. 소금을 조금 넣으면 훨씬 풍미가 살아나는데, 무염식 중인 아기랑 같이 먹으려면 생략하는 게 좋아요.

PART 1 밥과 죽 　　　별미밥 > 영양 찰밥

요리 순서

재료

팥 30g
검은콩 30g
찹쌀 1컵(160ml)
햅쌀 1컵(160ml)
물 충분히
밤 한 줌 선택

* 어른 2명, 아기 2명이 1회 먹는 양

TIP

- 검은콩과 밤은 없으면 생략해도 돼요. 대추를 추가해도 좋아요.
- 팥과 콩을 충분히 불렸기 때문에 백미 모드로 취사해도 돼요.

 보관 및 데우는 법

보관
남은 것은 냉동하여 2주 내 소진 권장

데우는 법
전자레인지 2~3분

1 팥과 콩은 물에 담가 8시간 불리고, 밤은 껍질을 깎는다.

2 물 250ml를 냄비에 붓고 끓으면 팥을 넣는다. 강불에 5분간 익힌 후, 물을 버리고 팥을 헹군다.

3 물 500ml를 냄비에 붓고, 끓으면 팥을 넣어 중불에 10분간 익힌다. 익힌 팥을 체에 거른 뒤, 삶은 물은 따로 담아둔다.

4 쌀을 씻어 채반에 물을 뺀다.

5 밥솥에 쌀을 넣고 팥, 콩, 밤을 얹는다.

6 팥 삶은 물 중 280ml를 넣는다.

7 취사 버튼을 누르고, 완료되면 재료들이 뭉개지지 않게 살살 섞는다.

저염 포인트
6번 과정에서 소금 조금 넣기

도시락 메뉴로도 좋은 달걀말이밥과 김밥

한입 밥 메뉴

말아서 만든 한입 쏙 밥 메뉴

아이들이 직접 집어먹기 편한 핑거푸드 밥 메뉴예요.
채소를 한 가지 이상 사용해 영양까지 챙겼어요.

048 **알배추말이밥**

050 **배추전말이밥**

052 **시금치 달걀말이밥**

054 **당근 치즈김밥 ver1**

056 **당근 치즈김밥 ver2**

058 **소고기 지단김밥**

김밥이 처음이라면, 김밥 김이 질기게 느껴질 수 있어요.
김만 조금 뜯어 먹여 보신 후 아이가 잘 씹을 수 있다면 그때 만들어 주세요.
얇은 꼬마김밥 김을 활용해도 돼요.

알배추말이밥

달콤하게 찐 알배추로 밥을 말아 한입에 쏙

찐 알배추를 밥에 둘러 자른 핑거푸드예요. 단이 유아식 초기부터 지금까지 자주 만드는 메뉴 중 하나로, 레시피처럼 소고기, 양파, 파프리카를 볶아 만들기도 하고 그때그때 있는 재료로 만들기도 해요. 간단하게 들기름이나 참기름, 그리고 깨를 섞은 밥을 사용해도 돼요.

PART 1   밥과 죽   한입 밥 메뉴 > 알배추말이밥

재료

소고기 다짐육 30g
알배추 4장
양파 20g
파프리카 15g
밥 90g
다진 마늘 1/4티스푼 선택
기름 조금

* 1회 먹는 양

TIP

- 주먹밥 만들 때처럼 어느 정도 밥을 눌러주어야 모양이 잡혀요.
- 알배추가 풀리지 않게 조심해서 썰어 주세요.

요리 순서

1 알배추는 줄기 부분을 잘라내고, 찜기에 10분간 찐다.

2 양파와 파프리카는 다진다.

3 기름을 둘러 예열한 팬에 양파를 볶다가, 투명하게 익으면 소고기와 다진 마늘을 넣고 볶는다.

4 고기가 다 익으면 파프리카를 넣고 볶는다.

5 밥을 담은 볼에 4를 넣고 섞는다.

6 알배추 두 장을 중앙 부분이 겹치도록 펼친다.

7 중앙에 밥을 길게 꾹꾹 눌러가며 얹는다.

8 배춧잎으로 빈틈없이 감싼 뒤 먹기 좋게 자른다. 남은 밥과 배춧잎으로 동일하게 마저 싼다.

저염 포인트
소고기에 미리 아기 간장 1티스푼 버무리기

배추전말이밥

배추전을 응용해 만든 핑거푸드

배추에 달걀물을 입혀서 전으로 구우면 그냥 먹어도 달콤하고 맛있죠. 여기에 한입 크기 주먹밥을 얹어서 말아주면 아기들이 먹기도 편하고 채소도 맛있게 먹을 수 있어요. 밥새우가 있다면 달걀물에 넣어 만들어 보세요. 더 맛있기도 하지만, 칼슘까지 섭취할 수 있어 좋아요.

PART 1 밥과 죽   한입 밥 메뉴 > 배추전말이밥

요리 순서

재료

알배추 2장
달걀 1개
밥새우 1숟가락 선택
밥 90g
참기름 또는 들기름, 깨 조금
기름 조금

* 1회 먹는 양

TIP

- 밥새우의 짠기를 제거하려면 찬물에 10분 정도 담갔다가 물기를 빼고 사용하세요.
- 밥은 둥근 기둥 모양으로 만들면 말기 쉬워요.
- 알배추 크기가 작으면 반으로 자르지 않아도 돼요.

1 밥은 참기름과 깨를 조금 넣고 섞은 후, 한입 크기로 뭉친다.

2 배추는 줄기 쪽 1/3 정도를 잘라내고, 남은 배추의 줄기 부분을 칼등으로 가볍게 두드린다.

3 배추를 길게 반 잘라 주먹밥 두께로 자른다.

4 달걀을 풀어 밥새우와 잘 섞는다.

5 자른 배추를 달걀물에 넣고 골고루 묻도록 섞는다.

6 기름을 둘러 예열한 팬에 배추를 얹는다.

7 가장자리에 주먹밥을 하나씩 올려 잘 말아준다.

8 달걀이 완전히 익을 때까지 조금 더 굽는다.

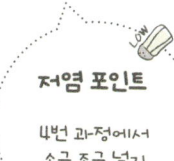
저염 포인트
4번 과정에서 소금 조금 넣기

영상으로 보기

시금치 달걀말이밥

시금치로 영양과 색감을 더한 영양 달걀말이밥

완전영양식품이라 불리는 시금치를 다져 넣어, 더 영양가 있고 색깔도 예쁜 달걀말이밥이에요. 단이는 달걀말이부터 벗겨서 먹는 걸 재미있어 하더라구요.
데쳐서 냉동해둔 시금치를 활용하면, 간편하고 빠르게 만들 수 있어요.

PART 1 밥과 죽   한입 밥 메뉴 > 시금치 달걀말이밥

요리 순서

 **재료**

시금치 11g(데친 후 8g)
달걀 1개
밥 70g
참기름 또는 들기름, 깨 조금
기름 조금

* 1회 먹는 양

1 데친 시금치는 물기를 꼭 짜고 다진다.

2 달걀을 풀어 시금치와 잘 섞는다.

3 밥은 참기름과 깨를 조금 넣고 섞는다.

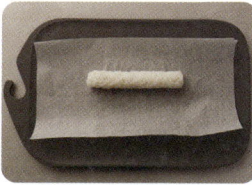

4 종이호일 위에 밥을 올려 달걀말이 팬 길이로 길고 둥글게 말아준다.

5 기름을 둘러 예열한 팬에 달걀물을 부어 펼친다.

6 달걀 아랫면이 어느 정도 익으면, 끄트머리에 말아 둔 밥을 얹는다.

7 달걀 윗면이 다 익기 전에 빈틈없이 말면서 익혀준다.

 TIP

- 밥 양은 원하는 크기에 따라 조절해도 돼요.
- 4번 과정에서 종이호일을 김발처럼 활용해 꼭 말아주는 게 좋아요.
- 마지막에 달걀말이 팬 모서리에서 옆면을 눌러가며 익히면, 네모 모양으로 완성돼요.

저염 포인트
2번 과정에서 소금 조금 넣기

영상으로 보기

당근 치즈김밥

파기름에 볶은 당근으로 감칠맛을 살린 김밥

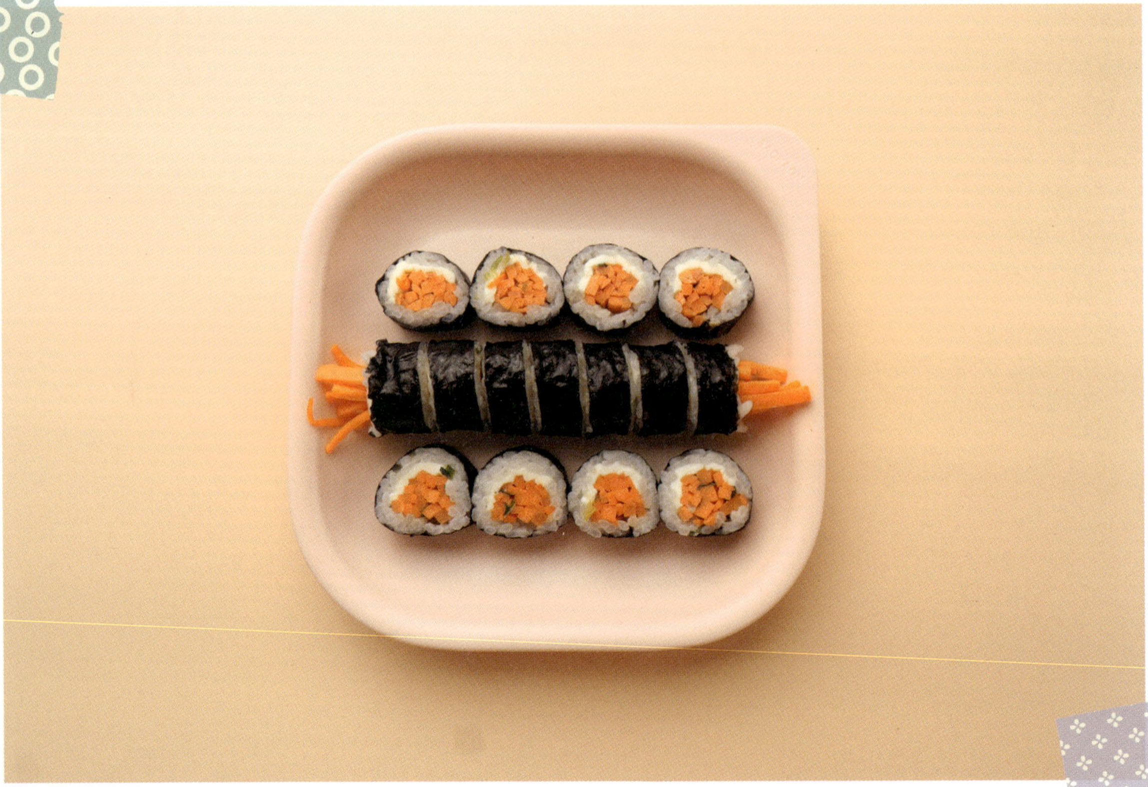

당근은 기름에 볶으면 몸에 좋은 베타카로틴의 흡수율이 훨씬 높아져요. 파와 마늘 향이 밴 기름에 볶으면 달콤한 감칠맛이 더 살아나는데, 김밥에 넣어도 맛있어요. 다소 심심할 수 있는 재료에 치즈를 더해서, 채소만 먹기 싫어하는 아기들의 거부감을 줄였어요.

PART 1   밥과 죽   한입 밥 메뉴 > 당근 치즈김밥 ver1

재료

당근 60g
쪽파 또는 대파 8g
아기 치즈 1장
김밥 김 1장
밥 90g
다진 마늘 1/4티스푼 또는
갈릭파우더 조금 선택
참기름 또는 들기름, 깨 조금
기름 조금

＊ 1회 먹는 양

요리 순서

1 밥에 참기름과 깨를 조금 넣어 섞은 후 식힌다.
2 쪽파는 다지고, 당근은 길게 채 썬다.
3 기름을 둘러 예열한 팬에 다진 쪽파와 마늘을 넣고 1분간 볶는다.

  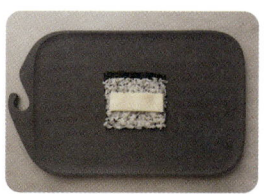

4 당근을 넣고, 익을 때까지 볶은 후 한 김 식힌다.
5 김밥 김은 4등분하고, 치즈는 3등분한다.
6 김 위에 밥(1/3)을 덜어 1cm만 남기고 골고루 편 후, 중앙에 치즈를 얹는다.

다른 버전
레시피
찐 당근 버전

7 치즈 위에 당근을 얹고, 남은 김 부분에 물을 바른 후 빈틈이 없도록 말아준다.
8 김밥 윗면에 참기름을 살짝 바르고 먹기 좋게 썬다.

TIP

• 저는 레시피 양으로 김밥 3줄을 만드는데, 더 얇게 4줄로 만들어도 돼요.

보관 및 데우는 법

보관
남은 것은 냉장하여 2일 내 소진 권장

데우는 법
자른 상태로 달걀물을 입혀서 기름 두른 팬에 굽기

저염 포인트
1번, 4번 과정에서
소금 조금 넣기

Ver2

당근 치즈김밥

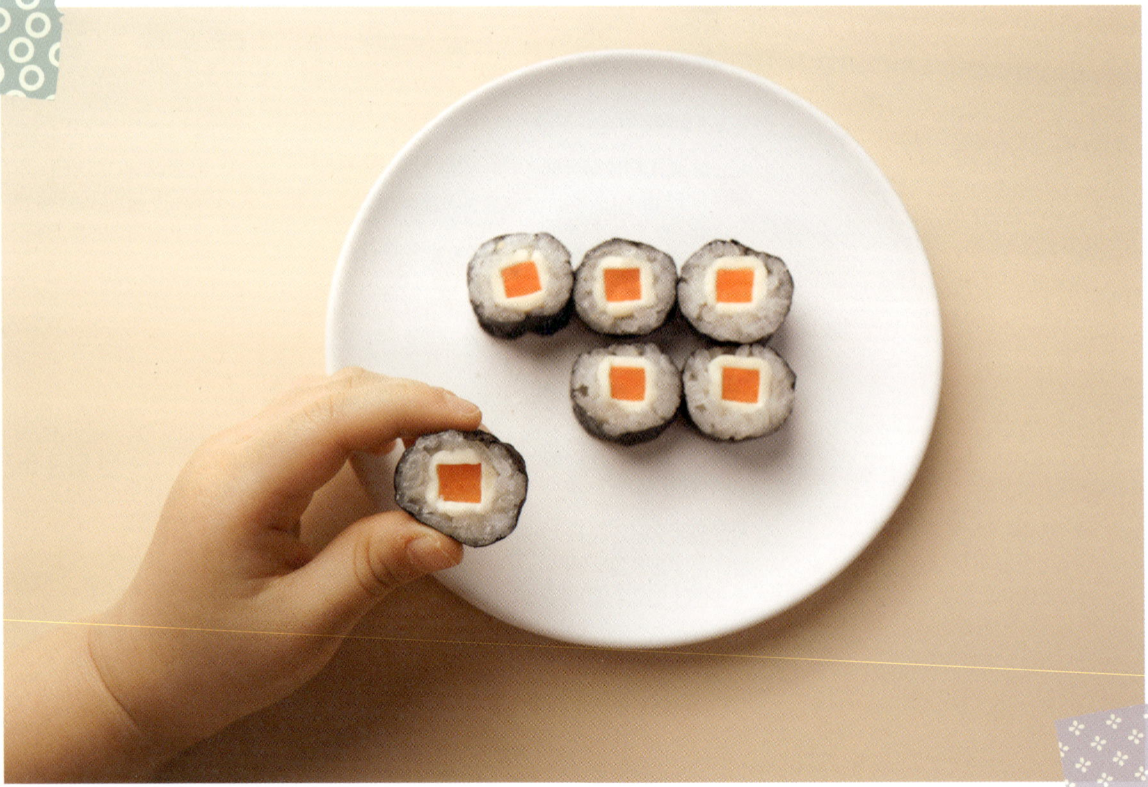

당근을 볶지 않고, 사각 기둥 모양으로 썰어

전자레인지로 쪄서 만드는 레시피예요.

PART 1 밥과 죽   한입 밥 메뉴 > 당근 치즈김밥 ver2

요리 순서

 **재료**

당근 1/2개
아기 치즈 1장
김밥 김 1/2장
밥 70g
참기름 또는 들기름, 깨 조금

* 1회 먹는양

 TIP

- 저는 레시피 양으로 김밥 2줄을 만들어요.
- 아기 기호에 따라 당근 두께를 조절하세요.
- 김밥 김 위에 밥을 펼 때는 당근 치즈말이를 한 번 감고 조금 남을 정도의 너비로 펴면 돼요.
- 당근 대신 오이를 넣고 오이 치즈김밥으로도 만들 수 있어요.

1 밥에 참기름과 깨를 조금 넣어 섞은 후 완전히 식힌다.

2 당근은 김밥 김 반 길이로 썰어 사각 기둥 모양으로 자른다.

3 당근을 찌거나 전자레인지에 30초~1분간 돌린 후 키친타월로 물기를 닦고 완전히 식힌다.

4 김밥 김은 4등분하고 김 위에 밥을 덜어 윗부분을 조금 남겨두고 골고루 편다.

5 아기 치즈 끝부분에 당근을 얹고 밀착시키며 한 바퀴 감아준다. 남은 부분은 칼로 잘라낸다.

6 4 위에 5를 얹고 남은 김 부분에 물을 바른 후, 빈틈이 없도록 밀착시켜 말아준다.

7 김밥 윗면에 참기름을 살짝 바르고 먹기 좋게 썬다.

저염 포인트
1번 과정에서 소금 조금 넣기

소고기 지단김밥

햄 없이 단백질까지 섭취할 수 있는 김밥

햄이나 어묵 없이 김밥으로 단백질까지 챙겨 주긴 쉽지 않더라구요. 그래서 만들게 된 메뉴예요. 소고기 다짐육을 볶아 넣으면 먹을 때 흘리기 쉬운데요. 이렇게 지단에 넣으면 더 깔끔하게 먹을 수 있고, 식어도 고기 식감이 딱딱하지 않아 좋아요.

PART 1 밥과 죽 한입 밥 메뉴 > 소고기 지단김밥

요리 순서

 재료

소고기 다짐육 30g
당근 30g
시금치 30g
달걀 1개
김밥 김 1장
밥 90g
참기름 또는 들기름, 깨 조금
기름 조금

* 1회 먹는 양

1 밥에 참기름과 깨를 조금 넣어 섞은 후 식힌다.

2 당근은 채 썰고, 시금치는 데쳐서 찬물에 헹구고 물기를 꽉 짠다.

3 당근을 기름에 볶거나, 전자레인지 찜기에 담고 물을 조금 부어 30초간 돌린다.

4 볼에 달걀 1개를 풀어, 키친타월로 핏물 닦은 소고기를 넣고 뭉친 곳이 없게 잘 섞는다.

5 기름을 둘러 예열한 팬에 지단을 부치고, 1.5cm 길이로 자른다.

6 4등분한 김밥 김 위에 밥을 덜어 1cm만 남기고 골고루 편 후, 중앙에 달걀지단, 당근, 시금치를 얹는다.

7 남은 김 부분에 물을 바르고, 빈틈이 없도록 말아준다.

8 김밥 윗면에 참기름을 조금 바르고 먹기 좋게 썬다.

  TIP

• 저는 레시피 양으로 김밥 3줄을 만들었는데, 더 얇게 4줄로 만들어도 돼요.
• 시금치는 없으면 생략하세요.

저염 포인트
1번, 4번 과정에서 소금 조금 넣기

  보관 및 데우는 법

보관
남은 것은 냉장하여 2일 내 소진 권장

데우는 법
자른 상태로 달걀물 입혀서 기름 두른 팬에 굽기

주먹밥과 밥전으로 간단하지만 영양가 있는 한 끼

주먹밥/밥전

탄수화물, 단백질, 채소 골고루

맨밥을 안 좋아하는 아이라면 주먹밥을 다양하게 만들어 보세요.
반찬 걱정도 없고 먹기도 편해요.

062 **밥새우 달걀 주먹밥**

064 **당근 멸치 주먹밥**

066 **소고기 두부 주먹밥**

068 **소고기 양배추 주먹밥**

070 **애호박 밥새우 주먹밥**

072 **구운 치즈 주먹밥**

074 **소고기 브로콜리 주먹밥**

076 **고등어 버터구이 주먹밥**

078 **브로콜리 치즈 밥전**

080 **소고기 옥수수밥 깻잎전**

주먹밥틀을 사용하면 좀 더 편하고 예쁘게 만들 수 있어요.
응용하여 볶음밥으로 만들어도 돼요.

밥새우 달걀주먹밥

고소한 밥새우로 단백질을 채우는 달걀주먹밥

부드럽고 고소한 밥새우는 스크램블 에그와 함께 주먹밥으로 만들어도 맛있어요. 단백질과 칼슘이 풍부해, 육류나 아침에 손질하기 힘든 생선류 대신 사용하기에도 좋아요. 한입에 쏙 들어가는 주먹밥으로 만들면, 바쁜 아침에도 든든하게 한 끼 먹일 수 있어요.

PART 1 밥과 죽　　　주먹밥/밥전 > 밥새우 달걀주먹밥

 재료

밥새우 1숟가락(2g)
달걀 1개
쪽파 또는 대파 8g
밥 90g
기름 조금

* 1회 먹는 양

 TIP

- 밥새우의 짠기를 제거하려면 찬물에 10분 정도 담갔다가 물기를 빼고 사용하세요.
- 마지막에 불을 끈 상태로 참기름 또는 들기름을 조금 넣어도 좋아요.

요리 순서

1 쪽파는 송송 썬다.

2 밥새우는 기름 없이 약불에 1분간 볶는다.

3 볼에 달걀 1개를 풀어, 밥을 넣고 뭉친 곳이 없게 잘 섞는다.

4 기름을 둘러 예열한 팬에 쪽파를 볶다가, 파 향이 나면 가장자리로 밀어 둔다.

5 팬 빈 공간에 밥 넣은 달걀물을 부어서 볶다가, 거의 다 익었을 때 쪽파도 함께 섞어가며 볶는다.

6 불을 끄고 밥새우를 넣어 섞은 뒤 한입 크기의 주먹밥으로 뭉친다.

저염 포인트

3번 과정에서 소금 조금 넣기

당근 멸치주먹밥

바삭하게 구운 멸치로 맛있게 칼슘 섭취하기

어릴 때 달콤한 멸치볶음으로 만든 주먹밥을 엄마가 자주 해 주셨는데,
간단한 재료지만 늘 맛있게 먹은 기억이 있어요.
이번 메뉴는 멸치를 당류에 볶는 대신, 당근 볶음을 곁들여 달콤한 맛을 더했어요.
짜지 않은 아기 멸치를 사용하고 물에 짠기를 한 번 빼는 게 좋아요.

PART 1　밥과 죽　　　주먹밥/밥전 > 당근 멸치주먹밥

재료

당근 30g
잔멸치 1숟가락(3g)
쪽파 또는 대파 8g
다진 마늘 1/4티스푼 선택
밥 90g
기름 조금

* 1회 먹는 양

TIP

- 되도록 짜지 않은 유아용 멸치를 사용하세요.

요리 순서

1 멸치를 찬물에 20분 담갔다가 헹군다.

2 당근과 쪽파를 다지고, 멸치는 물기를 뺀다.

3 기름 없이 예열한 팬에 멸치를 넣고 바삭하게 볶아서 따로 담아둔다.

4 기름을 둘러 예열한 팬에 쪽파와 다진 마늘을 넣고 볶다가, 파 향이 나면 당근을 넣고 익을 때까지 볶는다.

5 볼에 밥과 3, 4를 넣는다.

6 잘 섞어 한입 크기의 주먹밥으로 뭉친다.

저염 포인트
1번 과정 생략하기

소고기 두부주먹밥

단백질 듬뿍 들어간 간단 영양식

동물 단백질 대표 식품인 소고기와 식물 단백질 대표 식품인 두부는 맛도 아주 잘 어울려요.
소고기의 고소한 맛과 부드러운 두부의 식감이 어우러져서,
두부를 좋아하지 않는 아기도 잘 먹을 수 있어요.

PART 1 밥과 죽   주먹밥/밥전 > 소고기 두부주먹밥

요리 순서

재료

- **소고기 다짐육** 40g
- **두부** 30g
- **양파** 40g
- **밥** 90g
- **기름** 조금

* 1회 먹는 양

TIP

- 소고기부터 구워 소고기 기름에 양파를 볶으면 기름을 쓰지 않고 만들 수 있어요.
- 마지막에 불을 끈 상태로 들기름 또는 참기름을 조금 넣어도 좋아요.

1 양파를 다진다.

2 키친타월을 깔고, 두부를 칼등으로 으깬다.

3 기름을 둘러 예열한 팬에 양파를 볶는다.

4 양파가 투명해지면 소고기 다짐육을 넣고 볶는다.

5 소고기가 다 익으면, 으깬 두부를 넣고 1분간 볶는다.

6 밥을 넣고 섞은 후 불을 끈다.

7 한입 크기의 주먹밥으로 뭉친다.

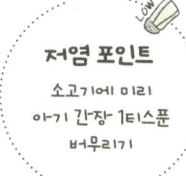
저염 포인트
소고기에 미리
아기 간장 1티스푼
버무리기

소고기 양배추 주먹밥

궁합 좋고 맛도 좋은 소고기, 양배추 조합

양배추는 소고기와 궁합이 좋은 식재료 중 하나예요. 소고기와 같이 볶았을 때 단맛도 더 살아나고요. 덮밥으로 만들어도 어울리는 조합이지만, 이렇게 한입 크기 주먹밥으로 만들면 또 쏙쏙 넣어 먹는 재미가 있어요.

PART 1 밥과 죽   주먹밥/밥전 > 소고기 양배추 주먹밥

요리 순서

 **재료**

소고기 다짐육 40g
양배추 35g
양파 40g
밥 90g
참기름 또는 들기름, 깨 조금
기름 조금

* 1회 먹는 양

 TIP

- 소고기부터 구워 소고기 기름에 양파를 볶으면 기름을 쓰지 않고 만들 수 있어요.
- 양파를 볶을 때 다진 당근을 추가해도 돼요.

1 양파는 다지고, 양배추는 얇게 채 썰어 2cm 길이로 자른다.

2 기름을 둘러 예열한 팬에 양파를 볶는다.

3 양파가 다 익으면 키친타월로 핏물 닦은 소고기를 넣어 볶는다.

4 소고기 핏기가 가시면, 양배추를 넣고 중약불에 볶는다.

5 볼에 밥과 소고기볶음, 참기름, 깨를 넣는다.

6 잘 섞어 한입 크기의 주먹밥으로 뭉친다.

저염 포인트
소고기에 미리
아기 간장 1티스푼
버무리기

애호박 밥새우 주먹밥

밥새우로 감칠맛을 살린 애호박 주먹밥

애호박과 밥새우는 어른에게도 익숙한 조합이죠? 그냥 볶음으로 만들어도 맛있지만, 이렇게 주먹밥으로 만들면 다른 반찬 없이도 맛있게 한 끼 먹을 수 있어요. 달콤한 애호박, 양파와 고소한 밥새우가 어우러져 무염으로도 맛있어요.

PART 1   밥과 죽   주먹밥/밥전 > 애호박 밥새우 주먹밥

요리 순서

재료

애호박 40g
양파 40g
밥새우 1티스푼
밥 90g
참기름 또는 들기름, 깨 조금
기름 조금

* 1회 먹는 양

TIP

- 밥새우의 짠기를 제거하려면 찬물에 10분 정도 담갔다가 물기를 빼고 사용하세요.
- 4번 과정에서 밥과 밥새우를 넣고 볶아, 볶음밥으로 줘도 좋아요.

1 밥새우는 기름 없이 약불에 볶는다.

2 애호박과 양파는 다진다.

3 기름을 둘러 팬에 양파를 볶는다.

4 양파가 투명해지면, 애호박을 넣어 볶는다.

5 볼에 밥과 볶은 채소, 밥새우, 참기름, 깨를 넣는다.

6 잘 섞어 한입 크기의 주먹밥으로 뭉친다.

저염 포인트
5번 과정에서
아기 간장
1티스푼 넣기

구운 치즈주먹밥

치즈를 넣고 구워 더 맛있는 소고기 주먹밥

단이가 좋아하는 구운 주먹밥이에요. 소고기 채소 주먹밥 속에 치즈를 넣고, 삼각김밥 모양으로 만들어요. 주먹밥을 팬에 구우면 치즈도 녹고, 겉면이 살짝 눌어 더 맛있어요. 들어가는 채소는 집에 있는 것으로 변경하거나, 추가해도 돼요.

PART 1   밥과 죽   주먹밥/밥전 > 구운 치즈주먹밥

요리 순서

재료

소고기 다짐육 40g
양파 30g
애호박 25g
아기 치즈 1장
밥 90g
다진 마늘 1/4티스푼 선택
기름 조금

* 1회 먹는 양

TIP

• 장갑에 기름을 조금 바르면 밥이 달라붙지 않아요.

1 양파와 애호박은 다진다.

2 기름 없이 예열한 팬에 키친타월로 핏물 닦은 소고기와 다진 마늘을 넣고 볶는다.

3 소고기 핏기가 가시면, 양파와 애호박을 넣고 익을 때까지 볶는다.

4 밥을 담은 볼에 3을 넣고 잘 섞은 후 4덩이로 나눈다.

5 아기 치즈를 4등분한다.

6 밥 한 덩이를 둥글납작하게 눌러, 중앙에 치즈를 넣고 감싼 후 삼각형 모양으로 꽉 뭉쳐준다.

7 기름을 둘러 예열한 팬에 앞뒷면을 노릇하게 굽는다.

8 긴 직사각형으로 아기 김을 잘라 둘러준다.

저염 포인트
소고기에 미리
아기 간장 1티스푼
버무리기

072 | 073

소고기 브로콜리 주먹밥

주먹밥 하나에 철분과 비타민이 듬뿍

소고기에는 철분이 풍부한데, 철분은 체내 흡수율이 낮아 비타민C가 풍부한 브로콜리와 함께 먹으면 좋아요. 브로콜리를 손질하고 쪄서 냉동해 두었다가 이렇게 주먹밥에도 활용해 보세요. 더 영양가 있는 한 끼가 돼요.

PART 1 밥과 죽   주먹밥/밥전 > 소고기 브로콜리 주먹밥

요리 순서

 재료

소고기 다짐육 40g
양파 40g
브로콜리 30g
밥 90g
다진 마늘 1/4티스푼 선택
기름 조금

* 1회 먹는 양

1 양파는 다지고, 브로콜리는 찌거나 데쳐서 다진다.

2 기름을 둘러 예열한 팬에 다진 마늘을 1분간 볶은 후 키친타월로 핏물 닦은 소고기를 넣어 볶는다.

3 소고기 핏기가 가시면, 양파를 넣고 다 익을 때까지 볶는다.

4 브로콜리를 넣고 한 번 더 볶는다.

5 4를 밥을 넣은 볼에 넣고 섞는다.

6 한입 크기의 주먹밥으로 뭉친다.

저염 포인트
소고기에 미리
아기 간장 1티스푼
버무리기

TIP

• 소고기부터 굽고 다진 마늘과 양파를 넣어 볶으면 기름을 쓰지 않고 만들 수 있어요.
• 마지막에 불을 끈 상태로 참기름 또는 들기름을 조금 넣어도 좋아요.

고등어 버터구이 주먹밥

버터에 구워 비리지 않고 고소한 고등어 주먹밥

고등어를 버터에 구웠더니 비린 맛 없이 맛있더라고요. 생선을 별로 좋아하지 않는 단이도 맛있게 잘 먹어주었어요. 돌 지난 아기라면 오메가-3가 풍부한 등푸른생선도 챙겨 주세요. 단백질과 비타민까지 다양한 영양분을 섭취할 수 있어요.

PART 1 밥과 죽 　　주먹밥/밥전 > 고등어 버터구이 주먹밥

 **재료**

고등어 40g
무염 버터 5g
아기 김 1봉지
밥 90g
기름 조금

* 1회 먹는 양

요리 순서

1 고등어는 쌀뜨물에 15분 담가 비린내를 제거하고 키친타월로 물기를 닦는다.

2 기름을 둘러 예열한 팬에 버터를 넣어 녹인다.

3 고등어를 얹어 앞뒷면을 노릇하게 굽는다.

4 고등어 껍질은 벗겨내고 가시를 발라낸 후, 살은 결대로 찢는다.

5 볼에 밥, 고등어, 가루 낸 김을 넣는다.

6 잘 섞어 한입 크기의 주먹밥으로 뭉친다.

저염 포인트
고등어에 소금 간 하여 굽기

 TIP

- 조리 전에 고등어 껍질 위 비늘막을 제거하면 비린내 제거에 도움이 돼요.
- 기름을 조금 둘러야 타지 않아요. 중약불, 중불로 조절하며 타지 않게 구워 주세요.

브로콜리 치즈 밥전

간단한 재료로 브로콜리 맛있게 먹이기

브로콜리와 치즈를 밥과 섞어서, 팬에 치즈가 눌어붙도록 굽는 메뉴예요. 오직 3가지 재료에 조리 과정도 간단해요. 브로콜리를 안 먹는 아기라면 브로콜리 양을 조금 줄이거나, 아기가 좋아하는 채소를 추가로 볶아 넣어 만들어 보세요.

PART 1 　밥과 죽　　　　주먹밥/밥전 > 브로콜리 치즈 밥전

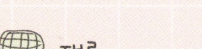

브로콜리 40g
아기 치즈 1/2~1장
밥 90g
기름 조금

* 1회 먹는 양

1 브로콜리는 찌거나 데쳐서 다진다.

2 밥과 브로콜리를 잘 섞는다.

3 치즈를 작게 잘라서 넣고 한 번 더 섞는다.

4 둥글납작하게 빚은 뒤 기름을 둘러 예열한 팬에 굽는다.

5 치즈가 눌어붙으면 뒤집어 더 굽는다.

저염 포인트
2번 과정에서 소금 조금 넣기

TIP

• 반죽을 빚을 때 장갑에 기름을 조금 바르면 밥이 달라붙지 않아요.

소고기 옥수수밥 깻잎전

초당옥수수의 달콤함이 톡톡! 밥을 넣어 든든한 깻잎전

소고기와 양파, 초당옥수수를 볶아서 밥과 비벼 깻잎전으로 만들었어요.
고기 반죽을 사용하지 않고 익은 고기+채소+밥을 채워 넣기 때문에, 고기가 다 익었는지 걱정하지 않아도 돼요. 어른이 같이 먹기에도 좋고, 깻잎 향을 낯설어하는 아기도 시도해볼 만해요.

PART 1 　 밥과 죽 　　　　주먹밥/밥전 > 소고기 옥수수밥 깻잎전

 재료

소고기 다짐육 50g
양파 50g
초당옥수수 50g
깻잎 8~9장
밥 100g
전분가루 2숟가락
달걀 1개
기름 조금

＊ 2~3회 먹는 양

요리 순서

1 깻잎은 미리 씻어서 말린다. 양파는 다지고, 옥수수는 쪄서 알을 분리한다.

2 기름 없이 예열한 팬에 소고기를 볶다가, 핏기가 가시면 양파도 넣어 볶는다.

3 양파가 다 익으면 옥수수를 넣어, 섞듯이 한 번 볶는다.

4 불을 끈 후 밥을 넣어 비벼준다.

5 깻잎 안쪽에 전분가루를 묻히고, 뭉친 밥을 얹어 가장자리를 살짝 눌러가며 반 접어준다.

6 깻잎 바깥면에 전분가루를 묻히고, 달걀물을 만들어 입힌다.

7 기름을 둘러 예열한 팬에 노릇하게 굽다가, 뒤집어서 평평해지도록 뒤집개로 꾹 눌러 반대편도 노릇하게 굽는다.

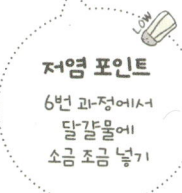
저염 포인트
6번 과정에서 달걀물에 소금 조금 넣기

 TIP

- 깻잎 안쪽에 전분가루를 묻힐 땐 두 장을 맞대고 비비면 골고루 묻어요. 살짝만 묻혀서 손으로 털어내 주세요.
- 내용물이 빠져나가지 않게 끄트머리에서 1cm 이상 띄워서 속을 채워 주세요.
- 굽다가 뒤집으면 윗면을 눌러서 밥이 좀 더 얇게 펴지도록 만들어 주세요.

 보관 및 데우는 법

 보관
다 굽고, 남은 것은 냉장하여 2~3일 내 소진 권장

데우는 법
팬에 기름 없이 약불로 데우기

크림리조또부터 치즈밥까지 다채로운 한 그릇 요리

리조또/복음밥

요리 초보도 간단하고 빠르게

치즈를 활용한 요리들이 많아요.
생크림 대신 우유와 치즈만으로 맛있는 크림 리조또를 만들어 보세요.

084 **쪽파 새우 리조또**

086 **소고기 버섯 들깨 리조또**

088 **새우 흑임자 리조또**

090 **선드라이 토마토 리조또**

092 **닭백숙 리조또**

094 **소고기 옥수수 치즈밥**

096 **소고기 브로콜리 치즈밥**

098 **애호박 치즈밥**

100 **브로콜리 달걀 볶음밥**

밥은 식혀서 사용하는 것이 좋아요.
리조또 소스가 너무 졸아들면 우유를 추가해 주세요.
식으면 더 꾸덕해지니 여유 있게 넣어주세요.

쪽파 새우리조또

비타민 가득 쪽파를 듬뿍 넣은 크림리조또

쪽파는 비타민A가 풍부해 면역력에 좋은 채소예요.
대파보다 연해서, 파기름으로 감칠맛을 내고 싶을 때 자주 사용하는데요.
이렇게 듬뿍 넣고 새우 크림리조또를 만들어도 더 감칠맛 나고 맛있어요.

PART 1   밥과 죽   리조또/볶음밥 > 쪽파 새우리조또

재료

새우 30g
쪽파 30g
양파 40g
새송이버섯 35g
우유 120ml
아기 치즈 1/2장
밥 90g
채소육수 또는 기름 조금

* 1회 먹는 양

TIP
- 버섯은 느타리나 양송이버섯으로 변경해도 돼요.
- 쪽파를 기름에 볶는 경우, 1분만 볶아 주세요.

보관 및 데우는 법

보관
냉장하여 2일 내 소진 권장
(되도록 소스만 냉장)

데우는 법
냄비에 약불로 데우거나, 전자레인지 1분

요리 순서

1 쪽파는 송송 썰어 준비하고, 양파는 채 썰어 반 자른다. 버섯도 양파와 비슷한 크기로 자른다.

2 새우는 손질하여 1cm 길이로 자른다.

3 팬에 채소육수를 조금 붓고 약불에 쪽파를 3분간 볶는다.

4 양파와 버섯을 넣어 양파가 투명해질 때까지 중약불에서 볶는다.

5 새우도 넣고 익을 때까지 볶는다.

6 우유와 치즈를 넣고 섞는다.

저염 포인트
6번 과정에서 소금 조금 넣기

7 끓어오르면 약불로 줄여 밥을 넣고, 리조또 질감이 될 때까지 조금 더 끓인다.

소고기 버섯 들깨리조또

들깻가루로 영양과 맛을 더한 소고기리조또

들깻가루도 무염식의 맛을 더 풍부하게 만들어주는 식품 중 하나인데요.
오메가-3 지방산을 풍부하게 함유하고 있어요. 소고기와 버섯을 넣은 크림 리조또에
들깻가루를 넣으면 맛이 한층 더 고소해져요.

PART 1　밥과 죽　　　　　리조또/볶음밥 › 소고기 버섯 들깨리조또

 재료

소고기 다짐육 40g
양파 40g
느타리버섯 40g
우유 120ml
밥 90g
아기 치즈 1/2장
들깻가루 1티스푼
다진 마늘 1/4티스푼 또는 갈릭파우더 조금 선택

* 1회 먹는 양

요리 순서

1 양파는 채 썰어 반 자르고, 버섯은 먹기 좋게 찢어 반 자른다.

2 기름 없이 예열한 팬에 키친타월로 핏물 닦은 소고기와 다진 마늘을 넣고 볶는다.

3 소고기 핏기가 가시면, 양파와 버섯을 넣고 중약불로 볶는다.

4 우유를 붓고 끓어오르면 약불로 줄여 밥을 넣고 잘 섞는다.

5 아기 치즈를 넣고 섞는다.

6 불을 끄고 들깻가루를 넣어 섞는다.

저염 포인트
4번 과정에서 우유 붓고 소금 조금 넣기

 TIP

• 버섯은 새송이나 양송이버섯으로 변경해도 돼요.

 보관 및 데우는 법

 보관
냉장하여 2일 내 소진 권장
(되도록 소스만 냉장)

데우는 법
냄비에 약불로 데우거나, 전자레인지 1분

새우 흑임자 리조또

볶은 검은깨 가루를 넣어 고소한 한 그릇 메뉴

몸에 좋은 블랙푸드 중 하나인 검은깨에는 비타민B가 풍부하고 안토시아닌 성분이 있어 면역력에 좋아요. 또 고소한 맛 때문에 무염식에서 풍미를 높일 수 있는 고마운 재료이기도 해요. 유제품과 맛 궁합이 좋아 크림 리조또나 파스타 등으로 만들면 맛있어요.

PART 1　밥과 죽　　　리조또/볶음밥 > 새우 흑임자 리조또

요리 순서

재료

새우 30g
양파 30g
느타리버섯 30g
우유 100ml
볶은 검은깨 1티스푼
밥 90g
기름 조금

* 1회 먹는 양

1 검은깨는 갈아준다.

2 양파는 채 썰어 반 자르고, 버섯은 먹기 좋게 찢어 반 자른다.

3 새우도 손질하여 먹기 좋게 자른다.

4 기름을 둘러 예열한 팬에 양파를 넣고 투명해질 때까지 볶는다.

5 새우와 버섯을 넣고 새우가 익을 때까지 볶는다.

6 우유를 넣고 끓어오르면, 밥을 넣어 소스가 스며들도록 저어가며 끓인다.

7 검은깨를 넣고 1~2분 저어준 후 불을 끈다.

저염 포인트
6번 과정에서 우유 붓고 소금 조금 넣기

TIP

• 버섯은 새송이나 양송이버섯으로 변경해도 돼요.
• 기호에 따라 마지막에 아기 치즈 1/2장을 추가해도 돼요.

보관 및 데우는 법

보관
냉장하여 2일 내 소진 권장
(되도록 소스만 냉장)

데우는 법
냄비에 약불로 데우거나, 전자레인지 1분

영상으로 보기

선드라이 토마토 리조또

새콤달콤한 감칠맛 듬뿍 로제 리조또

달콤한 선드라이 토마토는 어디에나 잘 어울리는데요.
이렇게 소고기와 우유, 치즈를 넣고 로제 리조또로 만들어도 맛있어요.
선드라이 토마토의 감칠맛이 평범한 리조또를 더 근사하고 맛있는 요리로 만들어줘요.

PART 1　밥과 죽　　　리조또/볶음밥 > 선드라이 토마토 리조또

요리 순서

재료

선드라이 방울토마토 10조각 352쪽 참고
소고기 다짐육 40g
양파 30g
미니 새송이버섯 30g
우유 100ml
아기 치즈 1/2장
밥 90g
갈릭파우더 조금 또는 다진 마늘 1/4티스푼 선택

* 1회 먹는 양

1 양파는 채 썰어 반 자르고, 버섯은 얇게 자른다.

2 선드라이 토마토 기름 1티스푼을 붓고 예열한 팬에 소고기를 볶는다.

3 소고기 핏기가 가시면, 선드라이 토마토를 넣고 갈릭파우더를 뿌려 토마토를 짓이기며 볶는다.

4 양파와 버섯을 넣고 붉은 색깔을 띨 때까지 볶는다.

5 우유를 붓고 국물이 충분히 붉어질 때까지 끓이다가, 밥을 넣고 소스가 스며들도록 끓인다.

6 치즈를 넣고 섞으며 한 번 끓여준다.

저염 포인트
5번 과정에서 소금 조금 넣기

TIP

• 버섯은 양송이버섯으로 변경해도 돼요.

보관 및 데우는 법

보관
냉장하여 2일 내 소진 권장
(되도록 소스만 냉장)

데우는 법
우유를 조금 추가해 냄비에 약불로 데우기 또는 전자레인지 1분

닭백숙 리조또

닭죽이 지겨울 때 추천하는 백숙 리조또

닭백숙을 넉넉히 만들어 냉동해 두면 여러모로 활용하기 좋은데요.
냉장고에 있는 채소를 듬뿍 넣고 우유도 넣어, 죽 대신 리조또로 만들어 주기도 해요.
닭육수의 풍미 때문에 치즈 없이도 훌륭하지만, 기호에 따라 추가해도 돼요.

PART 1 밥과 죽   리조또/볶음밥 > 닭백숙 리조또

요리 순서

재료

양파 30g
새송이버섯 30g
애호박 30g
당근 20g
닭백숙 1회분(국물 60ml + 닭 다리 1개 살코기)
320쪽 참고
우유 50ml
밥 90g

* 1회 먹는 양

1 채소는 모두 다진다.

2 양파와 당근을 냄비에 담고, 백숙 국물 한 숟가락을 부어 물볶음을 한다.

3 양파가 다 익으면, 애호박과 버섯도 넣고 익을 때까지 볶는다.

4 닭백숙과 우유를 넣고 중약불에서 섞는다.

5 끓어오르면 약불로 줄여 밥을 넣고, 리조또 질감이 될 때까지 조금 더 끓인다.

저염 포인트
4번 과정에서
소금 조금 넣기

 **TIP**

• 집에 있는 채소로 대체해도 돼요.

 보관 및 데우는 법

보관
냉장하여 2일 내 소진 권장
(되도록 소스만 냉장)

데우는 법
우유를 조금 추가해 냄비에
약불로 데우기 또는
전자레인지 1분

소고기 옥수수 치즈밥

아기가 좋아하는 재료만 모아 만든 완밥 메뉴

고소한 소고기와 톡톡 터지는 초당옥수수는 식감과 맛 조합이 좋은 재료들인데요.
여기에 치즈가 더해지면, 말이 필요 없죠.
치즈와 옥수수를 층층이 얹어 보기에도 새롭고, 떠먹는 재미도 있어요.

PART 1 밥과 죽   리조또/볶음밥 > 소고기 옥수수 치즈밥

요리 순서

 **재료**

소고기 다짐육 40g
양파 35g
초당옥수수 45g
아기 치즈 1장
밥 90g
다진 마늘 1/4티스푼 또는
갈릭파우더 조금 선택

* 1회 먹는 양

1 양파는 다지고, 옥수수는 찌거나 전자레인지로 익혀서 알을 분리한다.

2 기름 없이 예열한 팬에 소고기와 다진 마늘을 넣고 볶는다.

3 소고기 핏기가 가시면 양파를 넣고 볶는다.

4 양파가 익으면 밥을 넣고 잘 섞으며 볶는다.

5 그릇에 볶음밥을 담고 아기 치즈 한 장을 얹는다.

6 치즈 위에 옥수수를 얹고 전자레인지에 30초 돌려 치즈를 녹인다.

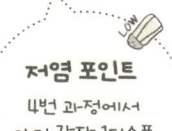
저염 포인트
4번 과정에서
아기 간장 1티스푼
또는 소금 조금 넣기

 TIP

• 옥수수 양은 기호에 따라 조절해도 돼요.

소고기 브로콜리 치즈밥

볶음밥인 듯 리조또인 듯, 맛있는 브로콜리 요리

볶음밥과 리조또, 그 중간 정도 되는 치즈밥이에요.
칼슘, 철분, 비타민이 풍부한 브로콜리를 듬뿍 넣고 우유와 치즈로 부드러움을 더했어요.
브로콜리와 궁합이 좋은 소고기로 단백질까지 채워줘서, 간단한 한 끼 식사로 좋아요.

PART 1 밥과 죽 리조또/볶음밥 > 소고기 브로콜리 치즈밥

요리 순서

재료

소고기 다짐육 40g
양파 40g
브로콜리 35g
우유 80ml
아기 치즈 1/2장
밥 90g
기름 조금

* 1~1.5회 먹는 양

1 양파는 다지고, 브로콜리는 찌거나 데쳐서 한입 크기로 작게 자른다.

2 기름을 둘러 예열한 팬에 소고기를 넣고 볶는다.

3 소고기 핏기가 가시면, 양파를 넣고 익을 때까지 볶는다.

4 우유와 치즈를 넣고 중불에서 끓어오르면, 2~3분 더 저어가며 끓인다.

5 밥을 넣어 빠르게 섞는다.

6 불을 끈 후 브로콜리를 넣어 소스가 골고루 묻도록 잘 섞는다.

저염 포인트
4번 과정에서 소금 조금 넣기

TIP

• 브로콜리 양이 꽤 많은 편인데, 아기 기호에 따라 줄여도 괜찮아요.

애호박 치즈밥

아기가 좋아하는 쉽고 간단한 애호박 요리

애호박 듬뿍 넣어 볶음밥을 만들고 애호박과 잘 어울리는 치즈만 올리면, 간단하게
아기가 좋아하는 한 그릇 요리가 완성돼요. 애호박과 양파가 달달해서
치즈를 얹지 않아도 맛있어요. 새우나 소고기를 추가해도 괜찮아요.

PART 1　밥과 죽　　　　　　　　　　　리조또/볶음밥 > 애호박 치즈밥

요리 순서

재료

애호박 70g
양파 50g
밥 90g
아기 치즈 1장
다진 마늘 1/4티스푼 선택
기름 조금

* 1회 먹는 양

1 애호박과 양파를 다진다.

2 기름을 둘러 예열한 팬에 다진 마늘을 넣고 1분간 볶는다.

3 양파를 넣고 투명해질 때까지 볶는다.

4 애호박을 넣고 익을 때까지 볶는다.

5 밥을 넣고 뭉친 곳이 없게 볶는다.

6 그릇에 담고 치즈를 얹어 전자레인지에 30초간 돌린다.

저염 포인트
5번 과정에서
소금 조금 넣기

TIP

- 단백질류를 추가하려면, 소고기 또는 새우를 추천해요. 소고기 추가 시 양파가 투명해지면 넣고, 새우 추가 시 애호박 넣을 때 넣어주세요.

영상으로 보기

브로콜리 달걀볶음밥

부드럽고 촉촉한 초간단 볶음밥

달걀물에 밥을 섞고 볶아, 촉촉하고 부드러운 볶음밥이에요.
파기름으로 향긋함을 더하고, 칼슘과 비타민이 풍부한 브로콜리를 넣어 영양을 더했어요.
재료도, 과정도 간단해서 부담 없이 만들 수 있어요.

PART 1 밥과 죽　　　　리조또/볶음밥 > 브로콜리 달걀볶음밥

재료

브로콜리 25g
쪽파 또는 대파 8g
달걀 1개
밥 90g
기름 조금

* 1회 먹는 양

1 쪽파는 송송 썰고, 브로콜리는 데치거나 쪄서 한입 크기로 작게 자른다.

2 달걀을 풀어, 밥을 넣고 뭉친 곳이 없게 잘 섞는다.

3 기름을 둘러 예열한 팬에 쪽파를 넣고 볶다가, 파 향이 나면 가장자리로 밀어둔다.

4 팬 빈 공간에 밥 넣은 달걀물을 부어서 볶다가, 거의 다 익으면 쪽파도 함께 섞어가며 볶는다.

5 브로콜리를 넣고 한 번 더 볶아준다.

저염 포인트
2번 과정에서 소금 조금 또는 4번 과정에서 아기 간장 1티스푼 넣기

TIP

- 아기 기호에 따라 브로콜리를 다져도 돼요.
- 쪽파를 볶을 때 다진 양파를 조금 추가하여 볶아도 돼요.

부드럽고 촉촉한 덮밥 1

덮밥

아플 때 먹어도 부담 없는 요리

소고기, 닭고기, 새우 등의 주재료로 무염이어도 덜 심심하도록 만들어요.
물보다는 채소육수를 사용하는 게 훨씬 맛있어요.

104 **소고기 알배추 팽이 덮밥**

106 **새우 팽이 달걀 덮밥**

108 **소고기 가지 덮밥**

110 **소고기 애호박 덮밥**

112 **오야꼬동**

114 **토마토 새우 덮밥**

116 **토마토 감자조림 덮밥**

118 **소고기 무나물 덮밥**

120 **소고기 버섯 덮밥**

122 **소고기 양배추 두부 덮밥**

124 **카레 같은 단호박 덮밥**

126 **토마토 마파두부 덮밥**

전분물은 만든 것을 다 사용하지 않고, 농도를 보며 조금씩 추가해요.
아주 약한 불로 낮추거나 불을 끄고 넣어 재빨리 섞어야 덩어리지지 않아요.

소고기 알배추 팽이덮밥

달큰하고 식감 좋은 영양 듬뿍 한 그릇

단이가 좋아해서 유아식 초기부터 지금까지 꾸준히 만들어 주는 메뉴예요. 채소육수에 소고기, 달달한 알배추, 식감 좋은 팽이버섯까지 넣어서 무염으로도 맛이 괜찮아요. 전분물로 부드럽게 소스를 만들어 아기가 먹기 좋아요.

PART 1 밥과 죽   덮밥 > 소고기 알배추 팽이덮밥

요리 순서

 **재료**

소고기 다짐육 50g
알배추 1장
팽이버섯 20g
양파 30g
채소육수 또는 물 170ml
전분물 전분가루 1티스푼
        + 물 3티스푼
밥 90g
참기름 조금

* 1회 먹는 양

1 알배추는 길게 3등분하고 1cm 길이로 자른다. 팽이버섯도 1cm 길이로 자르고, 양파는 채 썰어 반 자른다.

2 소고기는 키친타월로 핏물을 닦아, 기름 없이 예열한 팬에 볶는다.

3 소고기 핏기가 가시면 알배추와 양파를 넣고 중불에 볶는다.

4 양파가 투명하게 익으면 팽이버섯을 넣고 1분간 더 볶는다.

5 채소육수를 붓고 센 불에 끓어오르면, 중약불로 3분 더 끓인다.

6 아주 약한 불로 낮춰 전분물을 조금씩 빙 둘러 넣고 재빨리 섞는다. (다 넣지 않고 원하는 농도에 따라 1~2티스푼만 넣기)

7 불을 끄고 참기름을 조금 넣어 섞은 후, 밥 위에 덮밥 소스를 부어준다.

저염 포인트
5번 과정에서 아기 간장 1티스푼 넣기

 **TIP**

• 국물이 너무 졸아들면 육수나 물을 추가해 주세요.

 보관 및 데우는 법

보관
남은 소스는 냉장하여 2~3일 내 소진 권장

데우는 법
냄비에 약불로 데우거나, 전자레인지 1분

새우 팽이 달걀덮밥

새우로 감칠맛을 낸 부드러운 달걀덮밥

중화식 게살 팽이덮밥을 만들어 주려다, 더 구하기 쉬운 새우로 대체해서 만들어 봤어요. 목 넘김이 부드러워서, 아기가 아프거나 감기에 걸렸을 때 주기 좋아요. 어른도 간장만 조금 추가해 같이 드셔 보세요.

PART 1 밥과 죽 　　　　　덮밥 > 새우 팽이 달걀덮밥

재료

새우 30g(손질 후)
팽이버섯 30g
양파 40g
대파 5g
달걀 1개
채소육수 또는 물 120ml
전분물 전분가루 1티스푼 + 물 3티스푼
밥 90g
기름 조금

* 1회 먹는 양

요리 순서

1 양파는 채 썰어 반 자르고 대파는 세로로 반 잘라 송송 썬다. 팽이버섯은 1cm 길이로 자른다.

2 새우는 손질하여 다진다.

3 달걀을 풀어 잘 섞는다.

4 기름을 둘러 예열한 팬에 대파를 넣고 볶다가, 파 향이 나면 양파를 넣고 볶는다.

5 양파가 투명해지면, 팽이버섯과 새우를 넣고 중불로 볶는다.

6 채소육수를 붓고 센 불에 끓어오르면, 중약불로 2분 더 끓인다.

7 아주 약한 불로 낮춰 전분물을 조금씩 빙 둘러 넣고 재빨리 섞는다. (다 붓지 않고 조금씩 농도 보며 추가하기)

8 위에 달걀물을 두르고 1분간 그대로 두었다가 섞은 후, 완전히 익으면 불을 끄고 밥 위에 부어준다.

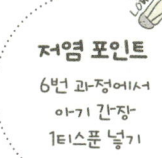

저염 포인트
6번 과정에서 아기 간장 1티스푼 넣기

TIP

• 국물이 너무 졸아들면 육수나 물을 추가해 주세요.

보관 및 데우는 법

보관
남은 소스는 냉장하여 2~3일 내 소진 권장

데우는 법
냄비에 약불로 데우거나, 전자레인지 1분

영상으로 보기

소고기 가지덮밥

식이섬유가 풍부해 변비에 좋은 가지 요리

식이섬유가 풍부한 여름 제철 채소 가지는 변비에 좋은데요. 이 밖에도 비타민, 무기질을 다량 함유한 훌륭한 식재료예요. 덮밥을 만들어 마지막에 들기름/참기름, 깨를 조금 더해도 되고요. 육수와 전분물을 붓지 않고 볶음 반찬으로 만들어도 돼요.

PART 1 밥과 죽   덮밥 > 소고기 가지덮밥

재료

소고기 다짐육 50g
가지 45g
양파 35g
대파 또는 쪽파 8g
채소육수 또는 물 170ml
다진 마늘 1/4티스푼 선택
전분물 전분가루 1티스푼 + 물 3티스푼
밥 90g
기름 조금

* 1회 먹는 양

TIP

- 국물이 너무 졸아들면 육수나 물을 추가해 주세요.

 보관 및 데우는 법

 보관
남은 소스는 냉장하여 2~3일 내 소진 권장

데우는 법
냄비에 약불로 데우거나, 전자레인지 1분

요리 순서

1 대파는 세로로 4등분해서 다지고, 양파는 채 썰어 반 자른다. 가지는 부채꼴 모양으로 썬다.

2 기름을 둘러 예열한 팬에 대파와 다진 마늘을 넣고 볶는다.

3 파 향이 나면 키친타월로 핏물을 닦은 소고기를 넣고 핏기가 가실 때까지 볶는다.

4 양파와 가지를 넣고 익을 때까지 볶는다.

5 채소육수를 붓고 센 불에 끓어오르면, 중약불로 3분 더 끓인다.

6 아주 약한 불로 낮춰 전분물을 조금씩 빙 둘러 넣고 재빨리 섞는다.
(다 넣지 않고 원하는 농도에 따라 1~2티스푼만 넣기)

7 밥 위에 덮밥 소스를 부어준다.

저염 포인트
5번 과정에서 아기 간장 1티스푼 넣기

영상으로 보기

소고기 애호박덮밥

소고기와 궁합 좋은 애호박 듬뿍

소고기에는 단백질이 많지만, 칼슘과 비타민이 적은 편이거든요.
그래서 애호박 같은 녹황색 채소와 궁합이 좋아요. 덮밥에 함께 넣어도 잘 어울리고요.
팽이버섯이 없다면 생략하거나, 다른 버섯을 사용해도 돼요.

PART 1 밥과 죽   덮밥 > 소고기 애호박덮밥

 **재료**

소고기 다짐육 50g
애호박 45g
팽이버섯 20g
양파 30g
채소육수 또는 물 170ml
다진 마늘 1/4티스푼 선택
참기름 조금
전분물 전분가루 1티스푼 + 물 3티스푼
밥 90g

* 1회 먹는 양

 **TIP**

- 국물이 너무 졸아들면 육수나 물을 추가해 주세요.

 보관 및 데우는 법

[보관]
남은 소스는 냉장하여 2~3일 내 소진 권장

[데우는 법]
냄비에 약불로 데우거나, 전자레인지 1분

요리 순서

1 애호박은 한입 크기로 자른다. 팽이버섯은 1cm 길이로 자르고, 양파는 채 썰어 반 자른다.

2 기름 없이 예열한 팬에 키친타월로 핏물을 닦은 소고기와 다진 마늘을 볶는다.

3 소고기 핏기가 가시면 애호박과 양파를 넣고 중불에 볶는다.

4 양파가 투명하게 익으면 팽이버섯을 넣고 1분 더 볶는다.

5 채소육수를 붓고 센 불에 끓어오르면, 중약불로 3분 더 끓인다.

6 아주 약한 불로 낮춰 전분물을 조금씩 빙 둘러 넣고 재빨리 섞는다. (다 넣지 않고 원하는 농도에 따라 1~2티스푼만 넣기)

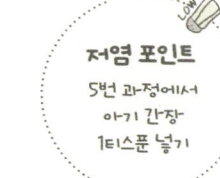
저염 포인트
5번 과정에서 아기 간장 1티스푼 넣기

7 알맞은 농도가 되면 불을 끄고 참기름을 조금 넣어 섞은 후, 밥 위에 부어준다.

오야꼬동

촉촉하고 부드러운 닭고기 달걀덮밥

양파와 배추를 달달하게 오래 볶아 닭고기를 넣어 졸이고, 부드러운 달걀 이불을 덮어준 메뉴예요. 닭육수와 채수가 우러난 촉촉한 덮밥으로 아기가 먹기 좋아요. 좀 더 넉넉히 만들어 엄마 아빠도 같이 드셔도 돼요. 채소육수를 부어 끓이는 것까지 하고 아기 것만 덜어낸 후, 쯔유나 간장으로 간을 추가해 드세요.

PART 1   밥과 죽   덮밥 > 오야꼬동

재료

닭 안심 또는 가슴살/다릿살 100g
쪽파 또는 대파 12g
양파 50g
양배추 40g
달걀 1개
채소육수 400ml
갈릭파우더 조금
또는 다진 마늘 1/4티스푼 선택
참기름, 깨 조금 선택
기름 조금
밥 적당량

  * 2회 먹을 양

TIP
- 국물이 너무 졸아들면 육수나 물을 추가해 주세요.
- 5번 과정에서 불순물은 걷어내 주세요.

보관 및 데우는 법
보관
냉장하여 2일 내 소진 권장
데우는 법
채소육수나 물을 조금 추가해 냄비에 약불로 데우기

요리 순서

1 닭고기는 근막과 힘줄을 손질한 후 우유에 30분 이상 담갔다가 물에 행궈 한입 크기로 작게 자른다.

2 양파는 채 썰어 반 자르고 양배추도 비슷한 길이로 자른다. 쪽파는 송송 썬다.

3 기름을 둘러 예열한 팬에 쪽파를 1분간 볶다가, 양파와 양배추를 넣고 충분히 노릇해지도록 5분 이상 볶는다.

4 닭고기와 갈릭파우더를 넣고 5분간 볶는다.

5 채소육수 400ml를 붓고 센 불에 끓어오르면 중약불로 줄여, 닭고기가 익을 때까지 10분 이상 끓인다.

6 달걀을 살짝만 풀어서 위에 붓는다.

7 달걀 아랫면이 어느 정도 익으면 뚜껑을 덮어 윗면도 완전히 익혀준다.

8 그릇에 밥을 담고 건더기와 국물을 얹은 뒤 참기름, 깨를 뿌린다.

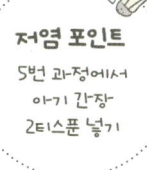
저염 포인트
5번 과정에서 아기 간장 2티스푼 넣기

토마토 새우덮밥

입맛을 돋우는 새콤달콤 한 그릇 요리

토마토도 심심한 무염식에 감칠맛을 더하는 좋은 식재료 중 하나예요.
비타민과 무기질이 풍부한 토마토는 변비에도 도움이 돼요.
새콤달콤한 토마토소스는 주로 파스타에 많이 쓰이지만, 덮밥에 활용해도 맛있어요.

PART 1　밥과 죽　　　　　　　　　　　　　　덮밥 > 토마토 새우덮밥

 **재료**

토마토 1개(180g)
새우 30g
양파 40g
미니 새송이버섯 50g
파프리카 20g
다진 마늘 1/4티스푼 또는 갈릭파우더 조금 선택
기름 조금
밥 90g

* 1회 먹는 양

 **TIP**

- 새송이, 느타리 등 다른 버섯을 사용해도 돼요.
- 토마토 껍질을 제거하고 싶으면, 십자(+) 모양으로 칼집을 내고 데쳐서 껍질을 벗겨주세요.
- 토마토는 주스처럼 곱게 갈지 않아도 돼요. 건더기가 어느 정도 있어도 맛있어요.
- 토마토의 신맛을 싫어하는 아기면, 소스에 사과/배 간 것이나 즙을 조금 추가해도 좋아요.
  〈만능 토마토소스〉를 활용해도 돼요. 342쪽 참고

 보관 및 데우는 법

보관
남은 소스는 냉장하여 2~3일 내 소진 권장

데우는 법
냄비에 약불로 데우거나, 전자레인지 1분

요리 순서

1 토마토는 꼭지를 제거하고 갈기 좋게 잘라서 믹서에 넣고 곱게 갈아준다.

2 양파는 채 썰어 반 자르고, 버섯과 파프리카도 먹기 좋게 자른다.

3 새우는 내장을 손질하고 다진다.

4 기름을 둘러 예열한 팬에 다진 마늘과 양파를 넣고 양파가 투명해질 때까지 볶는다.

5 버섯을 넣고 1분간 볶은 후 새우와 파프리카를 넣고 중약불로 볶는다.

6 새우가 다 익으면 토마토 간 것을 넣고 저어가며 10분간 졸인다.

저염 포인트
6번 과정에서 소금 조금 넣기

7 충분히 졸아들면 밥 위에 얹어준다.

토마토 감자조림덮밥

감칠맛 가득 토마토소스에 든든하게 감자를 넣은 덮밥

간장이나 고추장 대신 토마토소스로 만드는 감자조림도 감칠맛이 나고 맛있어요.
토마토와 감자가 제철인 여름에 만들면 더 영양가도 있고요.
감자조림이 남았다면 냉장했다가 다음번엔 반찬으로 주셔도 돼요.

PART 1   밥과 죽   덮밥 › 토마토 감자조림덮밥

 재료

완숙 토마토 1개(170g)
감자 1개(100g)
배 50g
양파 40g
다진 마늘 1/4티스푼
기름 조금
밥 90g

* 1~1.5회 먹는 양

 TIP

- 배가 더 맛있지만, 없으면 사과로 대체해도 돼요. 배/사과 퓌레도 괜찮아요.
- 곱게 갈 거라 토마토 껍질을 제거하지 않아요. 십자(+) 모양으로 칼집 내고 데쳐서 껍질 벗긴 후 사용해도 돼요.
- 7번 과정 후 충분히 졸아들지 않았다면 시간을 추가해 주세요.
- 국물이 다 졸아들었는데 감자가 덜 익었다면, 육수나 물을 추가해 더 익혀주세요.
- 〈만능 토마토소스〉를 342쪽 참고 활용해도 돼요. 감자를 볶다가 소스, 채소육수 또는 물을 조금 붓고 감자가 익을 때까지 조려 주세요.

 보관 및 데우는 법

[보관]
남은 조림은 냉장하여 2~3일 내 소진 권장

[데우는 법]
냄비에 약불로 데우거나, 전자레인지 1분

요리 순서

1 감자는 0.5cm 이하로 얇게 썰어 한입 크기로 자르고, 양파는 다진다.

2 토마토는 꼭지를 제거하고 배는 씨를 제거해, 갈기 좋게 자른다.

3 토마토와 배를 믹서에 넣고 곱게 갈아준다.

4 기름을 둘러 예열한 팬에 다진 마늘을 넣고 1분간 볶는다.

5 다진 양파를 넣고 투명해지도록 볶는다.

6 감자를 넣고 중약불에 3분간 볶는다.

7 3을 넣고 저어가며 10분간 졸인다.

8 충분히 졸아들면 밥 위에 얹어준다.

저염 포인트
7번 과정에서 소금 조금 넣기

영상으로 보기

소고기 무나물덮밥

나물 요리 하나로 탄/단/채 골고루 섭취하기

무가 맛있는 계절인 가을엔 이 요리를 꼭 만들어 보세요.
소고기 무나물볶음을 만들어 밥에 비벼주었더니 단이가 아주 잘 먹더라고요.
나물에 고기까지 함께 섭취할 수 있으니, 한 끼 간단하게 주기에도 좋아요.

PART 1   밥과 죽   덮밥 > 소고기 무나물덮밥

 **재료**

소고기 다짐육 50g
무 150g
쪽파 또는 대파 6g
다진 마늘 1/4티스푼
채소육수 또는 물 120ml
참기름, 깨 조금
기름 조금
밥 적당량

* 2회 먹는 양

요리 순서

1 무는 0.3cm 두께로 채 썰고, 쪽파는 다진다.

2 기름을 둘러 예열한 팬에 다진 마늘을 넣고 1분간 볶다가, 키친타월로 핏물 닦은 소고기를 넣고 볶는다.

3 소고기 핏기가 가시면 무도 넣고 볶는다.

4 무 겉면이 투명해지면 채소육수를 붓고 뚜껑을 덮어, 중약불로 5분간 끓인 뒤, 쪽파를 넣고 한 번 더 볶는다.

5 밥 위에 소고기 무나물 볶음을 얹고 참기름, 깨를 조금 뿌려 비빈다.

 TIP

- 무는 달달한 연두색 부분을 사용하는 게 좋아요.
- 4번 과정에서 중간에 한 번 섞어 주세요. 5분 후 맛보고 원하는 식감이 될 때까지 조금 더 익혀 주세요.
- 어느 정도 국물이 있어야 밥과 비볐을 때 먹기 좋아요. 필요시 육수나 물을 추가해 주세요.

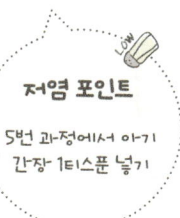
저염 포인트
5번 과정에서 아기 간장 1티스푼 넣기

 보관 및 데우는 법

보관
소고기 무나물볶음을 냉장하여 2~3일 내 소진 권장

영상으로 보기

소고기 버섯덮밥

고소한 샤부샤부용 소고기를 넣은 덮밥

얇은 샤부샤부용 고기도 아기가 먹기에 좋아서 가끔 사용해요. 느타리버섯과 팽이버섯의 각기 다른 식감이 맛을 더 풍부하게 해줘요. 넉넉히 만들어서 아기 것을 덜고, 어른 것은 굴소스 또는 간장에 당류를 조금 추가해 드셔도 돼요.

PART 1 밥과 죽 　　　덮밥 > 소고기 버섯덮밥

 **재료**

소고기(샤브샤브용 목심) 50g
느타리버섯 30g
팽이버섯 20g
당근 15g
쪽파 또는 대파 8g
채소육수 또는 물 170ml
기름 조금
전분물 전분가루 1티스푼 + 물 3티스푼
밥 90g

＊ 1회 먹는 양

 TIP

- 고기는 같은 부위는 아니더라도 얇은 고기를 추천해요. 아기가 먹기 좋게 잘라주세요.
- 느타리나 팽이 대신 새송이버섯을 사용해도 돼요.
- 국물이 너무 졸아들면 육수나 물을 추가해 주세요.

 보관 및 데우는 법

보관
남은 소스는 냉장하여 2~3일 내 소진 권장

데우는 법
냄비에 약불로 데우거나, 전자레인지 1분

요리 순서

1 쪽파는 송송 썰고, 당근은 채 썰어 1.5cm 길이로 자른다. 느타리버섯은 먹기 좋게 찢어서 반 자르고, 팽이버섯은 1.5cm 길이로 자른다.

2 기름을 둘러 예열한 팬에 쪽파를 넣고 볶는다.

3 파 향이 나면 버섯, 당근을 넣고 중불에 볶는다.

4 버섯이 다 익으면 키친타올로 핏물을 닦아 자른 소고기를 넣고, 핏기가 가실 때까지 볶는다.

5 채소육수를 붓고 센 불에 끓어오르면, 중약불로 3분 더 끓인다.

6 아주 약한 불로 낮춰 전분물을 조금씩 빙 둘러 넣고 재빨리 섞는다.(다 넣지 않고 원하는 농도에 따라 1~2티스푼만 넣기) 밥 위에 덮밥 소스를 부어준다.

저염 포인트
5번 과정에서 아기 간장 1티스푼 넣기

소고기 양배추 두부덮밥

단백질 든든하게 섭취하는 덮밥 메뉴

달달하고 아삭한 양배추를 넣은 소고기 덮밥이에요.
구운 두부를 넣으면 고소한 맛이 더해지고, 단백질도 풍부하게 섭취할 수 있어요.
다른 반찬 없이 이 한그릇으로 영양소를 골고루 섭취할 수 있어요.

PART 1 밥과 죽 덮밥 > 소고기 양배추 두부덮밥

요리 순서

 **재료**

- **소고기 다짐육** 40g
- **양배추** 40g
- **두부** 45g
- **양파** 35g
- **채소육수 또는 물** 120ml
- **전분물** 전분가루 1티스푼 + 물 3티스푼
- **다진 마늘** 1/4티스푼 선택
- **참기름** 조금 선택
- **밥** 90g
- **기름** 조금

* 1회 먹는 양

1 양파는 채 썰어 반 자르고, 양배추도 채 썰어 비슷한 길이로 자른다.

2 두부는 1cm 두께로 깍둑썰어, 기름 둘러 예열한 팬에 굽는다.

3 기름 둘러 예열한 팬에 양파와 양배추를 넣고 노릇하게 볶는다.

4 키친타월로 핏물 닦은 소고기와 다진 마늘을 넣고 볶는다.

5 소고기가 다 익으면, 채소육수를 붓고 중약불로 2~3분 끓인다.

6 아주 약한 불로 낮춰 전분물을 조금씩 빙 둘러 넣고 재빨리 섞는다. (다 넣지 않고 원하는 농도에 따라 1~2티스푼만 넣기)

7 구운 두부를 넣고 한 번 섞는다.

8 불을 끄고 참기름을 조금 넣어 섞은 후, 밥 위에 덮밥 소스를 부어준다.

 **TIP**
- 국물이 너무 졸아들면 육수나 물을 추가해 주세요.

저염 포인트
5번 과정에서 아기간장 1티스푼 넣기

 보관 및 데우는 법

보관
남은 소스는 냉장하여 2~3일 내 소진 권장

데우는 법
냄비에 약불로 데우거나, 전자레인지 1분

영상으로 보기

카레 같은 단호박덮밥

카레가루 없이 단호박으로 만든 아기 카레

언뜻 보면 정말 카레처럼 보이는 메뉴인데요. 닭육수에 채소를 볶아 단호박 소스로 노란색을 완성했어요. 어른 카레를 만들 때, 물 붓기 전 채소와 고기 볶은 것을 덜어 단호박 소스만 넣고 아기용을 만들면 편해요.

PART 1 밥과 죽   덮밥 > 카레 같은 단호박덮밥

재료

닭 안심 3덩이(90~110g)
단호박 100g
고구마 또는 감자 60g
양파 80g
당근 40g
채소육수 또는 물 40ml
우유 90ml

*1.5~2회 먹는 양

TIP

- 새송이, 느타리 등 버섯류를 추가해도 돼요.
- 채소는 아기가 먹기 좋은 크기로 얇게 자르면 돼요.

보관 및 데우는 법

보관
냉장하여 2~3일, 냉동하여 2주 내 소진 권장

데우는 법
우유를 조금 추가해 냄비에 약불로 데우거나, 전자레인지 1분
*냉동 시 냉장 해동 후 데워 주세요.

요리 순서

1 닭고기는 근막과 힘줄을 손질한 후 우유에 30분 이상 담가 비린내를 제거한다.

2 닭고기를 물에 헹군 후 한입 크기로 작게 썰어준다.

3 단호박은 갈기 쉽게 자르고 양파, 고구마와 당근도 먹기 좋게 자른다.

4 단호박은 찌거나 전자레인지 찜기에 물을 조금 담아 1분 30초~2분간 돌린다.

5 단호박과 우유를 믹서에 갈아준다.

6 닭고기를 담은 냄비에 채소육수를 40ml 넣고 중불에 볶는다.

7 고기 겉면이 익으면, 채소를 모두 넣고 볶는다.

8 채소가 다 익으면 5를 넣어 조금 걸쭉해질 때까지 약불에 저어가며 졸인다.

저염 포인트
8번 과정에서 소금 조금 넣기

영상으로 보기

토마토 마파두부덮밥

토마토로 완성한 새콤달콤 빨간 맛

토마토소스는 두부와도 아주 잘 어울리거든요.
토마토와 사과로 새콤달콤한 소스를 만들고, 소고기와 구운 두부, 채소까지 듬뿍 넣어
마파두부를 흉내 내 봤어요. 맛있고, 영양가 많고, 든든한 한 그릇이에요.

PART 1 밥과 죽   덮밥 > 토마토 마파두부덮밥

요리 순서

재료

소고기 다짐육 35g
방울토마토 9개(150g)
사과 30g
두부 90g
양파 30g
애호박 25g
팽이버섯 20g
채소육수 또는 물 40ml
다진 마늘 1/4티스푼 선택
전분물 전분가루 1티스푼 + 물 3티스푼
기름 조금
밥 90g

* 1.5~2회 먹는 양

TIP

- 방울토마토 대신 토마토를 사용해도 돼요.
- 새송이, 느타리 등 다른 버섯을 사용해도 돼요.
- 두부가 부서져도 괜찮다면 굽지 않고 바로 넣어도 돼요.

보관 및 데우는 법

보관
남은 소스는 냉장하여 2~3일 내 소진 권장

데우는 법
냄비에 약불로 데우거나, 전자레인지 1분

1 양파와 애호박은 다지고, 팽이버섯은 1cm 길이로 자른다.

2 방울토마토와 사과는 갈기 좋게 잘라 믹서에 갈아준다.

3 두부는 1cm 크기로 깍둑썰어, 기름 두른 팬에 중약불로 노릇하게 굽는다.

4 기름을 둘러 예열한 팬에 다진 마늘을 1분간 볶고, 양파를 넣어 볶는다.

5 양파가 투명해지면, 키친타월로 핏물 닦은 소고기를 넣고 볶는다.

6 소고기 핏기가 가시면, 애호박과 버섯을 넣고 익을 때까지 볶는다.

7 2와 채소육수를 붓고 센 불에 끓어오르면 중약불로 줄여, 3분 정도 걸쭉해지게 저어가며 졸인다.

8 아주 약한 불로 낮춰 전분물을 조금씩 빙 둘러 넣고 재빨리 섞는다. (다 넣지 않고 원하는 농도에 따라 1~2티스푼만 넣기)

9 구운 두부를 넣고 가볍게 볶은 후, 불을 끄고 밥 위에 부어준다.

저염 포인트
7번 과정에서 소금 조금 넣기

생쌀 대신 밥/누룽지로 빠르게 만드는 영양 죽 메뉴

죽

오래 끓일 필요 없이 간편하게

밥, 누룽지, 오트밀로 만드는 든든한 죽 메뉴예요.
이것저것 차려 먹기 힘든 아침이나, 아파서 속이 편안한 음식이 필요할 때 주기 좋아요.

130 **소고기 오트밀죽**

132 **황태 달걀죽**

134 **소고기 애호박죽**

136 **소고기 누룽지탕**

138 **순두부 누룽지죽**

140 **새우 누룽지죽**

누룽지죽은 누룽지를 푹 익혀 큰 덩어리가 없게 잘 풀어주세요.
재료가 부드럽게 익기 전에 국물이 너무 졸아들면, 물이나 육수를 추가해 주세요.

소고기 오트밀죽

밥 대신 철분 듬뿍 오트밀로 만든 죽

오트밀은 보통 우유에 넣어 조리하는데요. 채소육수에 죽처럼 끓여도 맛있어요.
쌀과 식감이 크게 다르지 않지만, 더 고소한 느낌이 들어요.
소고기까지 더해지면 그야말로 철분 듬뿍 영양식이 돼요.

PART 1 　밥과 죽　　죽 > 소고기 오트밀죽

 **재료**

소고기 30g
양파 30g
감자 30g
오트밀 15g(3숟가락)
채소육수 또는 물 200ml
참기름, 깨 조금
다진 마늘 1/4티스푼 선택
기름 조금

* 1~1.5회 먹는 양

요리 순서

1 양파와 감자는 다진다.

2 기름을 둘러 예열한 냄비에 양파와 감자를 볶는다.

3 양파가 다 익으면 핏물 닦은 소고기와 다진 마늘을 넣고 볶는다.

4 고기가 다 익으면 채소육수, 오트밀을 넣고 섞는다.

5 센 불로 높여 끓어오르면 중약불로 줄여 5분간 끓인 후, 불을 끄고 참기름, 깨를 조금 넣고 섞는다.

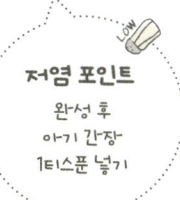
저염 포인트
완성 후
아기 간장
1티스푼 넣기

 TIP

• 5번 과정에서 불순물은 걷어내 주세요.
• 오트밀이 부드러워질 때까지 충분히 끓여 주세요.
• 양이 부족하면 밥을 조금 더 넣어 한 번 끓여 주세요.

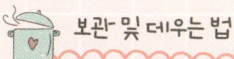 **보관 및 데우는 법**

보관
냉장하여 2~3일 내 소진 권장
데우는 법
냄비에 약불로 데우거나, 전자레인지 1분

영상으로 보기

황태 달걀죽

구수한 황태국물로 만든 영양 달걀죽

황태는 단백질과 아미노산이 풍부해 건강에 좋은 식품이에요.
해장용으로 좋은 황태 달걀국을 죽으로 만들어 봤는데, 구수한 육수에 부드러운 달걀이
어우러져 유아식으로도 손색없더라고요.

PART 1 밥과 죽   죽 > 황태 달걀죽

재료

황태 8g
양파 25g
쪽파 또는 대파 4g
달걀 1개
채소육수 또는 물 250ml
기름 조금
참기름, 깨 조금
아기 김 조금 선택
밥 80g

* 1~1.5회 먹는 양

TIP

- 황태를 자를 때 한 번에 잘리지 않는 딱딱한 부위는 제거해 주세요.
- 김을 넣으려면 9번 과정에서 부숴서 넣으면 돼요.

보관 및 데우는 법

보관
냉장하여 2~3일, 냉동하여 2주 내 소진 권장

데우는 법
물을 조금만 추가하여, 냄비에 약불로 데우거나, 전자레인지 1분

요리 순서

1 황태는 한두 번 물에 헹군 뒤, 채소육수 250ml에 5분간 불려 물기를 짠다. 불렸던 육수는 남겨두고, 황태는 결대로 여러 번 찢어 가시를 제거한다.

2 양파는 채 썰어 1cm 길이로 자르고, 황태도 같은 길이로 자른다. 쪽파는 송송 썬다.

3 기름을 둘러 예열한 냄비에 황태를 넣어 1분간 볶는다.

4 양파를 넣어 익을 때까지 볶는다.

5 황태 불린 채소육수를 모두 붓고, 5분 정도 끓인다.

6 밥을 넣고 잘 저어가며 원하는 농도가 될 때까지 중약불로 더 끓인다.

7 약불로 낮춘 후 위에 달걀물을 두르고 1분간 그대로 두었다가 섞는다.

8 쪽파를 넣어 달걀이 익을 때까지 끓인다.

9 불을 끄고 참기름과 깨를 조금 넣고 섞는다.

저염 포인트
완성 후 아기 간장 1티스푼 넣기

소고기 애호박죽

무염으로도 감칠맛 나는 소고기 채소죽

다른 채소 없이 애호박과 양파만으로도 감칠맛이 있고 달달해요.
단백질에 비타민, 칼슘까지 어느 하나 빠지지 않는 한 그릇 요리로,
입맛이 없거나 아플 때 먹으면 입맛을 돋워줘요.

PART 1 밥과 죽　　　　죽 > 소고기 애호박죽

재료

소고기 다짐육 40g
애호박 40g
양파 40g
채소육수 또는 물 180ml
밥 90g
참기름, 깨 조금
다진 마늘 1/4티스푼 선택

* 1~1.5회 먹는 양

요리 순서

1 애호박과 양파는 다진다.

2 기름을 둘러 예열한 냄비에 다진 마늘을 넣고 1분간 볶다가, 양파를 넣고 투명해질 때까지 볶는다.

3 키친타올로 핏물을 닦은 소고기를 넣고 볶는다.

4 소고기 핏기가 가시면 애호박을 넣고 볶는다.

5 채소육수를 붓고 센 불로 높인다.

6 끓어오르면 밥을 넣고 죽 질감이 될 때까지 중약불에서 저어준다.

7 그릇에 담아 참기름, 깨를 뿌려 섞는다.

저염 포인트
완성 후
아기 간장
1티스푼 넣기

보관 및 데우는 법

보관
냉장하여 2~3일 내 소진 권장
데우는 법
채소육수 또는 물을 조금 추가하여 약불로 끓이거나 전자레인지 1분

영상으로 보기

소고기 누룽지탕

어른도 같이 먹는 근사한 누룽지 요리

누룽지도 이렇게 고기 채소볶음을 곁들이면 근사한 요리처럼 보여요.
저는 좀 더 씹는 재미가 있었으면 해서 샤브샤브용 얇은 목심을 사용했는데요.
샤브샤브용 고기가 없다면 다짐육을 사용해도 괜찮아요.

PART 1　밥과 죽　　　　　　　　죽 > 소고기 누룽지탕

요리 순서

 재료

소고기(샤브샤브용 목심) 50g
누룽지 50g
느타리버섯 30g
팽이버섯 20g
당근 10g
쪽파 8g
채소육수 또는 물 250ml
기름 조금

＊ 1회 먹는 양

1 쪽파는 송송 썰고, 당근은 채 썰어 2cm 길이로 자른다. 느타리버섯은 먹기 좋게 찢어서 반 자르고, 팽이버섯은 2cm 길이로 자른다.

2 채소육수를 붓고 누룽지를 넣어 부드러워질 때까지 끓인다.

3 기름을 둘러 예열한 팬에 쪽파를 넣고 약불로 볶는다.

4 파 향이 나면 버섯, 당근을 넣고 중불에 볶는다.

5 버섯이 다 익으면 키친타월로 핏물 닦은 소고기를 넣고, 익을 때까지 볶는다.

6 그릇 가장자리에 누룽지 건더기를 빙 둘러 얹고, 고기 채소볶음을 가운데 담은 후 남은 국물도 누룽지 위에 부어준다.

TIP

- 고기는 같은 부위는 아니더라도 얇은 고기가 좋고, 다짐육도 괜찮아요.
- 버섯은 집에 있는 다른 종류로 써도 돼요.
- 평소 먹는 양에 따라 누룽지 양은 조절해 주세요.
- 누룽지를 끓이는 동안 고기와 채소를 볶으면 시간을 절약할 수 있어요.

저염 포인트
완성 후
아기 간장
1티스푼 넣기

 보관 및 데우는 법

보관
누룽지와 고기 채소볶음을 따로 담아 냉장하여 2~3일 내 소진 권장

데우는 법
채소육수 또는 물을 조금 추가하여 약불로 끓이거나 전자레인지 1분

영상으로 보기

순두부 누룽지죽

순두부로 단백질과 부드러움을 더한 누룽지

누룽지에 순두부를 넣으면 식감도 부드러워지고 맛도 더 고소해져서 아기가 먹기에 좋아요. 순두부에는 식이섬유도 풍부해 아침으로도 부담 없어요. 만들기도 간단하고요. 냉장고에 있는 자투리 채소를 추가해서 만들어 보세요.

PART 1 밥과 죽　　　죽 > 순두부 누룽지죽

 재료

누룽지 50g
순두부 100g(1/3개)
애호박 25g
당근 15g
채소육수 또는 물 300ml
참기름, 깨 조금

* 1~1.5회 먹는 양

요리 순서

1 애호박, 당근은 다진다.

2 냄비에 채소육수를 붓고 끓어오르면 애호박과 당근을 넣는다.

3 순두부도 넣고 숟가락으로 작게 조각낸다.

4 누룽지를 넣고 부드러워질 때까지 끓인 후, 그릇에 덜어 참기름, 깨를 조금 넣고 섞는다.

저염 포인트
완성 후
아기 간장
1티스푼 넣기

 TIP

• 부드러운 걸 좋아하면 달걀을 추가해도 돼요. 그릇에 풀어서 마지막에 죽 위에 빙 두른 후 1분 두었다가, 섞어 주세요.

보관 및 데우는 법

보관
냉장하여 2~3일 내 소진 권장

데우는 법
채소육수 또는 물을 조금 추가하여 약불로 끓이거나 전자레인지 1분

새우 누룽지죽

새우 넣어 더 감칠맛 나는 구수한 누룽지죽

누룽지에 새우를 넣어도 잘 어울리더라고요. 달걀을 넣어 더 부드럽고 고소해요.
단백질도 더 채워줄 수 있어요. 새우, 양파 외에는 집에 있는 냉털 채소를 활용해도 돼요.
간단하지만 든든한 한 끼가 될 거예요.

PART 1 밥과 죽 　　　죽 > 새우 누룽지죽

요리 순서

재료

- **누룽지** 50g
- **새우** 30g
- **양파** 30g
- **당근** 25g
- **달걀** 1개
- **채소육수 또는 물** 300ml
- **기름** 조금

* 1~2회 먹는 양

1 양파, 당근은 다지고, 새우도 손질해 작게 자른다.
2 달걀은 풀어서 섞는다.
3 기름을 둘러 예열한 냄비에 양파, 당근을 넣어 볶는다.

4 양파가 투명해지면 새우를 넣어 볶는다.
5 누룽지와 채소육수를 넣고 누룽지가 부드러워질 때까지 끓인다.
6 누룽지가 부드러워지면, 위에 달걀물을 빙 둘러 넣고 1분간 그대로 두었다가 섞는다.

저염 포인트
완성 후
아기 간장
1티스푼 넣기

TIP

- 애호박, 버섯 등 다른 채소를 넣어도 돼요.
- 달걀은 알레르기가 있다면 생략해도 돼요.
- 마지막에 불을 끄고 참기름, 깨를 추가해도 좋아요.

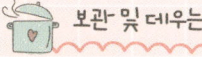
보관 및 데우는 법

보관
냉장하여 2~3일 내 소진 권장

데우는 법
채소육수 또는 물을 조금 추가하여 약불로 끓이거나 전자레인지 1분

영상으로 보기

PART 2

반찬

다양한 조리법으로 여러 가지 채소 맛있게 먹이기

매일 반찬

무염 맛내기 재료 제대로 활용하는 법

가장 기본적인 찜, 조림 반찬부터 볶음, 샐러드까지
다양한 레시피를 활용해 보세요.

146 **찐 채소반찬 3가지**
150 **채소육수 조림 4가지**
154 **삼색나물**
158 **애호박나물**
160 **채소 치즈 조림 3가지**
164 **비트 메추리알 조림**
166 **김 두부스틱**
168 **브로콜리 갈릭버터구이**
170 **단호박 스크램블에그**
172 **순두부 스크램블에그**
174 **소고기 알배추볶음**
176 **감자 달걀찜**
178 **두부 들기름버무리**
180 **두부 달걀말이**
182 **사과 연근샐러드**
184 **연두부 고구마매쉬**
186 **초당옥수수 콘샐러드**
188 **구운 파프리카**
190 **연근 아몬드 들깨무침**
192 **브로콜리 검은깨 두부무침**
194 **사과 오이무침**
196 **브로콜리 줄기 당근볶음**
198 **연근 고구마범벅**
200 **사과 파프리카 김치**

냉장하면 2~3일은 대체로 문제 없이 보관할 수 있어요.
그래도 신선한 상태로 최대한 빨리 소진하는 게 좋아요.

`팽이버섯 | 알배추 | 무`

찐 채소반찬 3가지

유아식의 기본, 초간단 찐 채소 반찬 3가지

찜은 볶거나 굽는 것보다 영양소 손실이 적고 재료 본연의 맛을 느낄 수 있어, 유아식을 이제 막 시작한 아기들에게 아주 적합한 조리법이에요. 따로 조리해야 하는 번거로움 없이 한 번에 찌면 3가지 반찬이 뚝딱 만들어져 더 좋아요. 빨리 익는 것부터 먼저 찜기에서 꺼내면 돼요.

PART 2 반찬　　　매일 반찬 > 찐 채소반찬 3가지

찐 팽이버섯 들깨무침

요리 순서

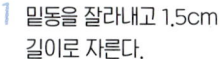

재료

팽이버섯 45g(1/3개)
들깻가루 1/2티스푼

* 2~2.5회 먹는 양

1 밑동을 잘라내고 1.5cm 길이로 자른다.

2 내열 용기에 손질한 팽이버섯을 담는다.

3 찜기에 물이 끓어오르면 2를 채반에 얹고, 익을 때까지 5분간 찐다.

4 들깻가루 1/2티스푼을 뿌려 섞는다.

저염 포인트
4번 과정에서
아기 간장
아주 조금 넣기

TIP

- 익히는 중간에 골고루 익도록 재료를 한 번 섞어 주세요.
- 덜 익었다면 찌는 시간을 늘려 주세요.

보관 및 데우는 법

 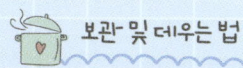

보관 냉장하여 3일 내 소진 권장

찐 알배추

재료

알배추 작은 잎 2장 또는
큰 잎 1장
참기름 또는 들기름, 깨 조금
선택

* 2~2.5회 먹는 양

요리 순서

1 줄기 쪽 3cm는 잘라내고, 길게 3등분한 후 1cm 두께로 자른다.

2 내열 용기에 손질한 알배추를 담는다.

3 찜기에 물이 끓어오르면 2를 채반에 얹고, 익을 때까지 5~10분간 찐다.

4 그대로 냉장하거나, 참기름과 깨를 살짝 뿌려 버무린다.

저염 포인트
4번 과정에서
아기 간장
아주 조금 넣기

TIP

- 익히는 중간에 골고루 익도록 재료를 한 번 섞어 주세요.
- 덜 익었다면 찌는 시간을 늘려 주세요.

보관
냉장하여 3일 내 소진 권장

PART 2 반찬　　　　매일 반찬 > 찐 채소반찬 3가지

찐 무

요리 순서

1 무를 0.3cm 두께로 채 썰어 다시 반 자른다.

2 내열 용기에 손질한 무를 담는다.

3 찜기에 물이 끓어오르면 2를 채반에 얹고, 익을 때까지 10분 정도 찐다.

4 그대로 냉장하거나, 참기름과 깨를 살짝 뿌려 버무린다.

저염 포인트
4번 과정에서
아기 간장
아주 조금 넣기

재료

무 100g
참기름 또는 들기름, 깨 조금
선택

* 2~2.5회 먹는 양

TIP

- 익히는 중간에 골고루 익도록 재료를 한 번 섞어 주세요.
- 덜 익었다면 찌는 시간을 늘려 주세요.

보관 및 데우는 법

[보관]
냉장하여 3일 내 소진 권장

사과 당근 | 배 대추 | 무 표고버섯 | 두부 팽이버섯

채소육수 조림 4가지

두 가지 재료를 조합해 만든 간단 채소육수 조림 4가지

어른 반찬이라면 조림에 간장이나 고추장을
사용하겠지만, 무염인 아기 반찬은 그렇게 만들 수 없어
난감해요. 이럴 때 채소육수만 잘 활용해도 감칠맛을
더할 수 있고, 아기도 잘 먹어요. 좋아하는 과일 또는
채소에 새롭거나 낯선 채소 1가지를 더해 보세요.
거부감을 줄일 수 있어요.

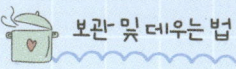 보관 및 데우는 법

`보관` 냉장하여 3일 내 소진 권장

사과 당근 조림

요리 순서

1. 사과는 0.3~0.4cm 두께, 당근은 0.2cm 두께로 먹기 좋게 자른다.
2. 냄비에 1과 채소육수를 붓고 국물이 거의 없도록 졸인다.

 재료

- 사과 35g
- 당근 25g
- 채소육수 60ml

* 1.5~2회 먹는 양

 TIP

- 사과는 너무 얇게 자르면 흐물거릴 수 있어요.

무 표고버섯 조림

요리 순서

1. 무와 표고버섯은 한입 크기로 자른다.
2. 냄비에 1과 채소육수를 붓고 국물이 거의 없도록 졸인다.

 재료

- 무 50g
- 표고버섯 1/2개(10g)
- 채소육수 100ml

* 1.5~2회 먹는 양

 TIP

- 무와 표고버섯은 0.3cm 정도 두께면 적당해요.
- 다 졸이고 무가 덜 익은 경우, 채소육수 또는 물을 추가하면 돼요.

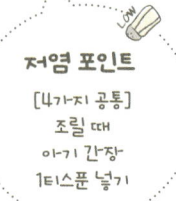

저염 포인트
[4가지 공통]
조릴 때
아기 간장
1티스푼 넣기

PART 2 반찬   매일 반찬 › 채소육수 조림 4가지

배 대추 조림

요리 순서

1 배는 한입 크기로 자르고, 대추는 씨를 제거하고 돌돌 말아 얇게 썬다.

2 냄비에 1과 채소육수를 붓고 국물이 거의 없도록 졸인다.

 **재료**

배 60g
대추 1개
채소육수 60ml

* 1.5~2회 먹는 양

 TIP

- 배는 0.4cm 이상, 대추는 0.3cm 정도 두께면 적당해요.
- 배는 너무 얇게 자르면 흐물거릴 수 있어요.

두부 팽이버섯 조림

요리 순서

1 두부는 포크로 곱게 으깨고, 팽이버섯은 1cm 길이로 자른다.

2 냄비에 1과 채소육수를 붓고 국물이 거의 없도록 졸인 후, 불을 끄고 들깻가루를 넣고 섞는다.

 **재료**

두부 50g
팽이버섯 15g
들깻가루 1티스푼
채소육수 60ml

* 1.5~2회 먹는 양

시금치나물 | 콩나물무침 | 들깨 무나물

삼색나물

무염 맛내기 재료를 활용한 나물 3가지

달달한 무와 시금치에 아삭아삭한 콩나물까지, 함께 차리면 색도 곱지만 영양도 골고루 섭취할 수 있어요. 참기름 또는 들기름, 들깻가루, 깨를 곁들이면 간을 하지 않고도 고소한 나물 반찬을 만들 수 있어요.

PART 2 반찬　　　　　　　　　　　　　　　매일 반찬 > 삼색나물

시금치나물

요리 순서

1 시금치는 물로 여러 번 헹궈 흙을 잘 씻어내고, 굵은 뿌리는 칼로 이등분한다.

2 끓는 물에 30초간 데친 후 찬물에 헹궈 물기를 짠다.

3 먹기 좋게 자른다.

4 참기름과 깨를 조금 뿌려 버무린다.

저염 포인트
4번 과정에서 소금 조금 넣기

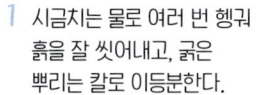

재료

시금치 60g
참기름, 깨 조금

* 2~2.5회 먹는 양

TIP

- 저는 120g을 데쳐서 반은 나물을 만들고, 반은 조금씩 나눠 담아 냉동했어요.
- 뿌리도 달콤하고 맛있지만, 아기 기호에 따라 잘라내고 줘도 돼요. 돌 아기는 잎 부분만 사용하거나 뿌리는 따로 잘라 다져 주세요.

보관 및 데우는 법

[보관]
냉장하여 2~3일 내 소진 권장

콩나물무침

요리 순서

재료

콩나물 100g
들기름 또는 참기름, 깨 조금

* 2~2.5회 먹는 양

1. 콩나물을 다듬고 물에 여러 번 헹군다.
2. 냄비에 물 150ml와 콩나물을 넣고, 뚜껑을 닫아 끓어오르면 중불로 5분간 둔다.
3. 콩나물을 접시에 넓게 펼쳐 식히고, 먹기 좋게 자른다.

4. 들기름과 깨를 조금 뿌려 버무린다.

TIP

- 4번 과정에서 들깻가루, 다진 마늘을 조금 추가해도 돼요.
- 저는 200g을 데쳐서 반만 사용했어요.(물 양은 동일)

저염 포인트
4번 과정에서 소금 조금 넣기

보관 및 데우는 법

`보관`
냉장하여 2~3일 내 소진 권장

PART 2 반찬　　　　　　　　매일 반찬 > 삼색나물

들깨 무나물

요리 순서

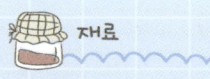
재료

무 120g
쪽파 또는 대파 8g
채소육수 또는 물 80ml
들깻가루 2/3티스푼
다진 마늘 1/4티스푼 선택
들기름 조금 선택
기름 조금

* 3회 먹는 양

1 무는 0.3cm 두께로 채 썰고, 쪽파는 송송 썬다.

2 기름을 둘러 예열한 팬에 쪽파와 다진 마늘을 넣고 볶는다.

3 파 향이 나면 무도 넣고 볶는다.

4 무 겉면이 투명해지면 채소육수를 붓고 뚜껑을 덮어 중약불로 3~5분간 끓인다.

5 뚜껑을 열어 조금 더 볶다가 물기가 조금 있는 상태로 불을 끄고 들깻가루, 들기름을 넣어 섞는다.

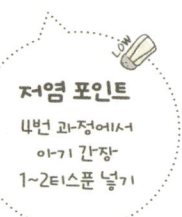

저염 포인트
4번 과정에서
아기 간장
1~2티스푼 넣기

TIP

- 무는 달달한 연두색 부분을 사용하는 게 좋아요.
- 4번 과정에서 중간에 한 번 섞어 주세요. 3분 후 맛보고 원하는 식감이 될 때까지 조금 더 익혀 주세요.(필요시 육수나 물 추가)
- 물기가 조금 남아있어야 들깻가루가 잘 섞여요.

보관 및 데우는 법

보관 냉장하여 2~3일 내 소진 권장

애호박나물

촉촉하고 달콤한 기본 나물 반찬

애호박은 달큰한 맛, 부드러우면서도 말캉한 식감으로 유아식에서 자주 쓰이는 효자 식재료예요. 마늘을 볶은 기름에 애호박, 양파만 넣어 볶아도 입맛 돋는 반찬이 간단하게 완성돼요. 물을 조금 뿌려 뚜껑을 닫아 완전히 익히는 게 촉촉하게 만드는 팁이에요.

PART 2 　 반찬　　　　　　　　　　　　　매일 반찬 > 애호박나물

 **재료**

애호박 50g
양파 30g
다진 마늘 1/4티스푼 선택
물 3숟가락
들기름 1/4티스푼
깨 조금

* 1~1.5회 먹는 양

요리 순서

1 애호박은 0.5cm 두께로 둥글게 썰어 십자(+) 모양으로 자른다. 양파는 채 썰어 반 자른다.

2 기름을 둘러 예열한 팬에 다진 마늘을 넣고 1분간 볶는다.

3 양파와 애호박을 넣고 중약불에 볶는다.

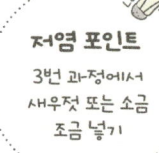

저염 포인트
3번 과정에서 새우젓 또는 소금 조금 넣기

4 양파가 투명해지면 물 3숟가락을 넣고 뚜껑을 닫아 약불에 2분간 둔다.

5 애호박이 다 익었으면, 불을 끄고 들기름과 깨를 뿌려 섞는다.

 TIP

- 4번 과정 후 애호박이 덜 익었다면, 물을 1~2숟가락 추가해 더 볶아 주세요.

보관 및 데우는 법

보관
냉장하여 2~3일 내 소진 권장

채소 치즈 조림

크림소스에 조린 채소 반찬 3가지

채소를 잘 먹지 않는다면, 우유와 아기 치즈를 활용해 보세요. 아기들이 좋아하는 크림소스라 거부감 없이 잘 먹어 줄 거예요. 레시피에 있는 채소 말고 다른 재료를 사용해도 돼요. 채소 45~50g에 우유 20ml, 아기 치즈 1/4장으로 재료 비율만 같게 만들어 보세요.

PART 2 반찬   매일 반찬 > 채소 치즈 조림

애호박 치즈 조림

요리 순서

1 애호박은 0.5cm 두께로 채 썰고, 양파는 채 썰어 반 자른다.

2 기름을 둘러 예열한 팬에 양파와 애호박을 넣고 중약불로 볶는다.

3 다 익으면, 우유와 치즈를 넣고 약불에 졸인다.

저염 포인트
3번 과정에서 소금 조금 넣기

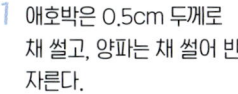

재료

- **애호박** 50g
- **양파** 20g
- **우유** 20ml
- **아기 치즈** 1/4장
- **기름** 조금

TIP

- 조리 후 너무 뻑뻑하면 우유를 조금 추가하세요.
- 당근을 3cm 길이로 채 썰어 애호박 대신 사용해도 돼요.

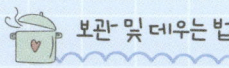

보관 및 데우는 법

 보관
냉장하여 2~3일 내 소진 권장

양송이 치즈조림

요리 순서

재료

양송이버섯 2개
양파 20g
우유 20ml
아기 치즈 1/4장
기름 조금

1 양송이버섯은 밑동을 떼어낸 후 한입 크기로 깍둑썰고, 양파는 채 썰어 반 자른다.

2 기름을 둘러 예열한 팬에 중약불로 양파를 볶는다.

3 양파가 투명해지면 버섯을 넣고 익을 때까지 볶는다.

4 다 익으면, 우유와 치즈를 넣고 약불에 졸인다.

저염 포인트
4번 과정에서 소금 조금 넣기

TIP

- 새송이버섯으로 대체해도 돼요.
- 조리 후 너무 뻑뻑하면 우유를 조금 추가하세요.

보관 및 데우는 법

보관
냉장하여 2~3일 내 소진 권장

PART 2 반찬　　　매일 반찬 > 채소 치즈 조림

브로콜리 치즈 조림

요리 순서

1 브로콜리는 데치거나 쪄서 한입 크기로 작게 자르고, 양파는 채 썰어 반 자른다.

2 기름을 둘러 예열한 팬에 양파를 넣고 중약불로 볶는다.

3 다 익으면 브로콜리와 우유, 치즈를 넣고 약불에 졸인다.

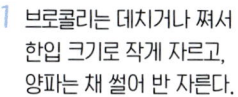

재료
- 브로콜리 50g
- 양파 20g
- 우유 20ml
- 아기 치즈 1/4장
- 기름 조금

저염 포인트
3번 과정에서 소금 조금 넣기

TIP
- 조리 후 너무 뻑뻑하면 우유를 조금 추가하세요.

보관 및 데우는 법

보관 냉장하여 2~3일 내 소진 권장

비트 메추리알 조림

철분 듬뿍, 색감이 예쁜 메추리알 조림

철분과 비타민이 풍부한 비트는 유아식에 활용하기 좋은 재료예요. 익히면 적당히 달아져서 그냥 쪄도 맛있는데요. 이렇게 메추리알 조림에 넣으면 메추리알 색도 예뻐지고, 영양소도 듬뿍 섭취할 수 있어요.

PART 2 반찬   매일 반찬 > 비트 메추리알 조림

 **재료**

메추리알 10개
비트 50g
사과 30g
채소육수 또는 물 200ml

* 2.5~3회 먹는 양

요리 순서

1 메추리알 10개는 10분간 삶아서 껍질을 깐다.

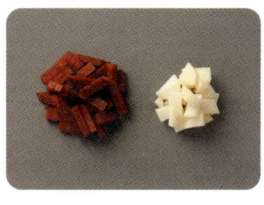

2 비트는 2~3cm 길이로 먹기 좋게 자르고, 사과는 갈기 좋게 자른다.

3 채소육수와 사과를 믹서에 갈아준다.

4 메추리알과 비트, 3을 모두 냄비에 넣고 센 불에 끓인다.

5 끓어오르면 중약불로 줄여 10분간 저어가며 졸인다.

저염 포인트
5번 과정에서
아기 간장
1티스푼 넣기

 TIP

- 사과 대신 배를 넣어도 돼요. 퓨레나 즙을 사용해도 돼요.
- 비트는 원래 생으로도 먹는 채소라 아주 푹 익히지 않아도 돼요. 영양소 손실을 줄이려면, 살짝 말캉하게 씹히는 정도로 충분해요.

 보관 및 데우는 법

보관
냉장하여 3일 내 소진 권장

김 두부스틱

색다르게 두부를 즐기는 핑거푸드

전분가루와 달걀물을 묻혀 겉은 적당히 단단하지만, 속은 촉촉한 두부부침이에요. 김을 감아서 구우면 두부도 색다른 음식이 돼요. 스틱 모양으로 만들어 아기가 잡고 먹기에도 좋고요. 어른도 간장 양념을 곁들이면 같이 먹기 좋아요.

PART 2   반찬   매일 반찬 > 김 두부스틱

요리 순서

 **재료**

두부 1/3모(약 100g)
아기 김 3장
전분가루 1숟가락(10g)
달걀 1개 또는 메추리알 2개
기름 조금

* 1.5~2회 먹는 양(스틱 6개)

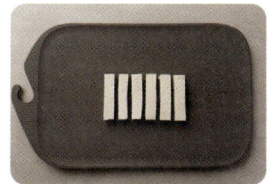  

1 두부를 두께 1.5cm, 길이 7cm의 스틱 모양으로 자른다.

2 자른 두부를 끓는 물에 2분간 데친다.

3 키친타월로 물기를 닦는다.

4 아기 김을 반 잘라, 두부스틱 한 개에 한 장씩 감싸준다.

5 전분가루를 얇게 입히고, 달걀물을 만들어 입힌다.

6 기름을 둘러 예열한 팬에 얹어 네 면을 노릇하게 굽는다.

저염 포인트
5번 과정에서 달걀물에 소금 조금 넣기

 TIP

• 김 1장을 다 감으면 질겨지니 1/2장으로 잘라서 감아 주세요.

 보관 및 데우는 법

보관
다 굽고, 남은 것은 냉장하여 2~3일 내 소진 권장

데우는 법
팬에 약불로 데우기

브로콜리 갈릭버터구이

브로콜리 안 먹는 아이, 어른 모두 맛있게 먹는 레시피

비타민C, 베타카로틴에 칼슘까지, 브로콜리는 영양이 진짜 풍부한데요. 찐 브로콜리를 좋아하지 않는 아기라면 이렇게 갈릭버터구이로 만들어 보세요. 아이부터 어른까지 모두 맛있게 먹는 근사한 반찬이 돼요.

PART 2 반찬 　　매일 반찬 > 브로콜리 갈릭버터구이

재료

브로콜리 50g
무염 버터 5g
다진 마늘 1/3티스푼
물 2숟가락

* 2회 먹는 양

요리 순서

1 브로콜리는 꽃봉오리가 열리게끔 물에 잠기도록 뒤집어 10분 정도 두었다가 흔들어 세척하고, 흐르는 물에 두어 번 더 씻는다.

2 송이를 비슷한 크기로 자른 후, 납작하게 반 잘라준다.

3 버터를 녹인 팬에 다진 마늘을 넣어 향이 나도록 볶는다.

4 브로콜리를 넣고 한 번 섞은 후, 납작한 단면이 바닥에 닿도록 두고 노릇해질 때까지 굽는다.

5 팬의 빈 공간에 물 2숟가락을 붓고 뚜껑을 닫아 2분간 둔다.

6 윗면까지 다 익었으면 접시에 담고, 덜 익었다면 뒤집어 조금 더 굽는다.

 TIP

- 칼로 자를 때는 단면이 많이 생기는 방향으로 잘라주세요.
- 불은 약불~중약불로 하여 버터, 마늘이 타지 않도록 주의하세요.
- 다진 마늘의 향이 강할까봐 걱정되면 갈릭파우더로 대체하세요.
- 어른이 같이 먹지 않는다면, 아기 1회 먹는 양으로 줄여 만드세요.

저염 포인트

가염 버터 사용하기

영상으로 보기

단호박 스크램블에그

단호박으로 달콤함을 더한 달걀 요리

무염으로 만든 스크램블에그는 심심하지만, 쪄서 으깬 단호박만 넣어도 덜 심심해져요.
몽글몽글하고 부드러운 스크램블에그의 식감은 해치지 않되, 은은하게 달콤한 맛을
더해줘요. 파기름에 볶으면 더 맛있어요.

PART 2 　반찬　　　　매일 반찬 > 단호박 스크램블에그

재료

단호박 30g
달걀 1개
쪽파 8g 선택
기름 조금 또는 무염버터 3g

* 1회 먹는 양

요리 순서

1 단호박은 얇게 자르고, 쪽파는 송송 썬다.

2 단호박은 찌거나 전자레인지로 1분 30초~2분 익혀서, 으깬다.

3 으깬 단호박과 달걀을 섞는다.

4 기름을 둘러 예열한 팬에 쪽파를 볶다가, 팬 가장자리로 밀어둔다.

5 아주 약한 불로 낮추고, 쪽파 옆에 단호박 달걀물을 부어 계속 저어가며 익힌다.

6 어느 정도 몽글몽글하게 익으면 쪽파와 섞어가며 완전히 익힌다.

TIP

- 쪽파를 생략할 경우 기름을 둘러 예열한 팬에 바로 달걀물을 부으면 돼요.
- 달걀을 약한 불에 볶아야 부드러운 스크램블에그가 완성돼요.
- 단호박 대신 찐 고구마 90g, 쪽파 대신 양파 40g, 새송이버섯 40g을 사용해 고구마 스크램블에그로 만들어도 맛있어요.

저염 포인트
3번 과정에서 소금 조금 넣기

보관 및 데우는 법

보관
한 번 먹을 양만 만들길 권장

순두부 스크램블에그

순두부를 넣어 더 부드러운 스크램블에그

스크램블에그에 순두부를 넣으면 부드러워 더 먹기도 좋고 양질의 단백질을 섭취할 수 있어요. 여기에 양배추와 양파를 볶아 넣어 달달한 맛과 아삭한 식감을 더했어요. 다른 채소를 추가로 넣어도 돼요.

PART 2 반찬   매일 반찬 > 순두부 스크램블에그

 재료

순두부 70g
달걀 1개
양파 40g
양배추 30g
무염 버터 5g
또는 기름 조금

* 1회 먹는 양

요리 순서

1 달걀을 풀고, 순두부를 넣어 덩어리진 곳이 없도록 으깨며 잘 섞는다.

2 양파는 채 썰어 반 자르고, 양배추도 채 썰어 비슷한 길이로 자른다.

3 버터를 녹인 팬에 양파와 양배추를 넣고 중약불에 볶는다.

4 양파와 양배추를 접시에 덜어 놓고, 팬을 닦지 않고 순두부 달걀물을 붓는다.

5 아주 약한 불로 낮춰 달걀이 익을 때까지 섞다가, 양배추볶음을 넣어 한 번 더 볶는다.

 TIP

• 달걀을 아주 약한 불에 볶아야 부드러운 스크램블에그가 완성돼요.

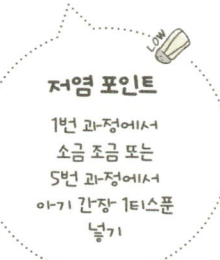

저염 포인트
1번 과정에서 소금 조금 또는 5번 과정에서 아기 간장 1티스푼 넣기

소고기 알배추볶음

간단하지만 맛있는 온 가족 반찬 메뉴

소고기, 알배추, 양파, 이 조합은 그냥 볶기만 해도 맛있어요. 버섯, 당근 등 집에 있는 채소를 추가해도 좋아요. 넉넉하게 만들어 아이 먹을 것을 덜고, 굴소스나 소금 간을 조금 더해 어른이 같이 드셔도 돼요.

재료

소고기(구이용) 80g
알배추 1장
양파 30g
쪽파 8g
기름 조금

* 1~1.5회 먹는 양

PART 2   반찬   매일 반찬 > 소고기 알배추볶음

요리 순서

1 알배추는 세로로 길게 3~4등분하여 약 2cm 길이로 자른다. 양파는 채 썰어 반 자르고, 쪽파는 다진다.

2 소고기는 키친타월로 핏물을 닦고, 먹기 좋게 자른다.

3 기름을 둘러 예열한 팬에 쪽파를 넣고 1분간 볶는다.

4 알배추와 양파를 넣고 중불에 볶는다.

5 양파가 익으면 고기를 넣고 익을 때까지 볶는다.

저염 포인트
소고기에 미리 아기 간장 1~2티스푼 버무리기

TIP

- 소고기 부위는 안심을 추천하지만, 기름기 적은 다른 부위도 괜찮아요. 다짐육(우둔/설도)을 써도 돼요.
- 마지막에 밥을 넣어 볶음밥으로 만들어도 돼요.

감자 달걀찜

감자를 넣어 더 든든하고 고소한 달걀찜

부드러운 달걀찜에 감자를 넣으면 더 고소하고 맛있어요. 탄수화물 보충도 되고 식감도 좋은 것은 덤. 아기가 한 끼에 먹기에 많다면 머핀틀 하나에 아기용을 만들고, 남은 것은 간을 추가해 어른이 드셔도 돼요.

PART 2 반찬　　　　　　　매일 반찬 > 감자 달걀찜

 **재료**

감자 50g
쪽파 8g
당근 20g
달걀 1개
채소육수 또는 물 30ml
기름 조금

* 1~2회 먹는 양

요리 순서

1 감자는 1cm 두께로 깍둑썰고, 쪽파는 길게 한 번 잘라 다진다. 당근도 다진다.

2 감자는 전자레인지 찜기에 담고 물을 조금 부어 전자레인지에 2분간 돌린 후, 물을 따라낸다.

3 달걀을 풀어 잘 섞고 감자, 쪽파, 당근, 채소육수를 모두 넣고 한 번 더 잘 섞는다.

4 내열 용기나 머핀틀 안쪽에 기름을 바른다.

5 달걀물을 부어 찜기에 20분간 찐다.

저염 포인트
3번 과정에서 소금 조금 넣기

 TIP

- 덜 익었다면 찌는 시간을 늘려 주세요.
- 용기나 틀에서 분리하지 않고 그대로 준다면, 기름을 굳이 안 발라도 돼요.
- 전자레인지로 익힐 때는 2분 돌리고, 확인 후 필요하면 시간을 추가해 주세요.

 보관 및 데우는 법

보관 냉장하여 2~3일 내 소진 권장

+ **촉촉한 기본 달걀찜 만들기**
달걀 1개, 채소육수 50ml를 섞어 전자레인지 2분

두부 들기름버무리

쫄깃하게 구운 두부에 들기름을 입힌 간단 반찬

두부를 팬에 굽지 않고 오븐이나 에어프라이어에 구우면 겉이 유부처럼 쫄깃해져요.
여기에 고소한 들기름까지 더하면 아주 간단하게 고소한 두부 반찬이 완성돼요.
핑거푸드처럼 집어 먹기에도 편해요.

PART 2 반찬 매일 반찬 > 두부 들기름버무리

 재료

두부 90g
들기름 1/2티스푼
기름 조금

* 1회 먹는 양

요리 순서

1 두부를 1.5cm 크기로 깍둑썰고, 키친타월로 물기를 닦는다.

2 기름 바른 트레이에 간격을 조금 두고 담아, 200도로 예열한 오븐 또는 에어프라이어에 8~10분간 굽는다.

3 들기름을 뿌려 골고루 섞는다.

저염 포인트
2번 과정 후
두부 위에 소금 조금
뿌려 섞기

 TIP

- 필요하면 더 익히거나 온도를 조절해 주세요.

두부 달걀말이

단백질 듬뿍 두부를 넣어 더 부드러운 달걀말이

달걀말이 안 좋아하는 아기도 드문 것 같아요. 두부까지 넣어 단백질 보충도 돕고, 더 촉촉하고 부드럽게 만들었어요. 당근과 쪽파를 넣어 채소도 잊지 않고 챙기고요.

PART 2　반찬　　　　　　　매일 반찬 > 두부 달걀말이

재료

달걀 2개
두부 35g
당근 15g
쪽파 15g
기름 조금

* 2회 먹는 양

요리 순서

1 쪽파와 당근을 다진다.

2 두부는 키친타월을 깔고 칼등으로 으깬다.

3 달걀 2개를 넣은 볼에 두부, 당근, 쪽파를 넣고 두부가 덩어리지지 않고 잘 풀어질 때까지 휘젓는다.

4 기름을 둘러 예열한 팬에 달걀물 절반을 펼치듯 붓고, 끝부분부터 말아준다.

5 다 말면 다시 팬 가장 끝으로 옮겨, 옆에 나머지 달걀물을 붓는다.

6 한 번 더 말고, 네 면을 돌려가며 완전히 익혀준다.

TIP

- 반죽이 팬 한쪽으로 쏠리면, 요리 스푼이나 미니 주걱으로 달걀물 윗면을 살살 펼쳐줘요.

저염 포인트
3번 과정에서
소금 조금 넣기

보관 및 데우는 법

 보관
냉장하여 2~3일 내 소진 권장
 데우는 법
전자레인지 30초~1분

사과 연근샐러드
검은깨 요거트 드레싱을 곁들인 상큼한 샐러드

사각사각, 아삭아삭한 식감이 매력적인 샐러드예요. 연근과 사과로 샐러드를 만들면 꽤 잘 어울려요. 요거트랑 검은깨로 간단하게 흑임자 드레싱처럼 만들어주었어요. 당류를 따로 넣지 않아도, 사과가 같이 씹히기 때문에 달콤하고 맛있어요.

PART 2 반찬 매일 반찬 > 사과 연근샐러드

 **재료**

연근 40g
사과 30g
플레인 요거트 2티스푼(10g)
검은깨 1티스푼(2g)

* 1~1.5회 먹는 양

요리 순서

1 연근은 0.5cm 두께로 썰고 십자(+) 모양으로 4등분한다. 사과도 비슷한 크기로 자른다.

2 연근은 식초 1숟가락 푼 물에 10분 담갔다가 헹군다. 끓는 물에 5분간 데쳐 찬물에 헹구고 키친타월로 물기를 닦는다.

3 검은깨는 으깨거나 갈아준다.

4 볼에 모든 재료를 넣고 잘 버무린다.

저염 포인트
4번 과정에서
아기 간장
1/2티스푼 넣기

 TIP

• 연근 크기가 크면 더 작게 잘라도 좋아요.
• 원하는 식감에 따라 연근을 더 오래 데쳐도 돼요.

 보관 및 데우는 법

`보관` 냉장하여 2일 내 소진 권장

연두부 고구마매쉬

연두부를 넣은 고소한 고구마매쉬

달콤한 찐 고구마를 연두부나 순두부와 섞으면, 맛도 식감도 한결 부드러워져요.
단백질까지 함께 섭취할 수 있어 더 좋고요. 먹기 전에 견과류를 뿌려 고소함을
더해보세요. 어른 건강식으로도 좋아요.

PART 2 반찬 매일 반찬 > 연두부 고구마매쉬

 **재료**

고구마 40g
연두부 또는 순두부 20g
견과류 10g 선택

* 1~2회 먹는 양

 요리 순서

1 고구마는 찜기에 찐다.

2 고구마, 연두부를 한 그릇에 담아 덩어리가 없도록 으깬다.

3 견과류는 잘게 부순다.

4 2를 접시에 담고, 부순 견과류를 뿌린다.

 TIP

- 두부는 한 번 데쳐서 물기를 빼고 사용해도 돼요.
- 바로 먹을 양만 덜어서 견과류를 뿌려 주세요.
- 사진은 2배 양으로 촬영하였어요.

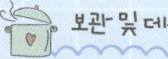 보관 및 데우는 법

보관
냉장하여 2~3일 내 소진 권장

초당옥수수 콘샐러드

No 마요네즈, No 설탕! 건강한 콘샐러드

마요네즈와 설탕 대신 우유와 치즈를 사용해 만든 콘샐러드예요. 원래 콘샐러드는 익혀 만들진 않지만, 우유와 치즈를 녹여 간단히 볶아 만들었어요. 따뜻하게 먹어도 되지만, 냉장했다가 먹으면 더 콘샐러드 맛이 나요.

PART 2 반찬　　　매일 반찬 > 초당옥수수 콘샐러드

**재료**

초당옥수수 50g
파프리카 25g
브로콜리 25g 선택
우유 30ml
아기 치즈 1/4장
기름 조금 또는 무염버터 3g

* 3~4회 먹는 양

요리 순서

1 옥수수는 쪄서 알을 분리한다. 브로콜리는 데치거나 쪄서 작게 자르고, 파프리카는 옥수수알 크기로 자른다.

2 기름을 둘러 예열한 팬에 파프리카를 볶는다.

3 옥수수와 브로콜리를 넣고 1분간 볶는다.

4 팬 한쪽에 볶은 것을 밀어두고, 반대편에 우유를 붓고 치즈를 넣어 저으면서 녹인다.

5 치즈가 녹으면 전부 섞으며 가볍게 볶은 후 불을 끄고, 그냥 주거나 냉장하였다가 시원해지면 준다.

저염 포인트
5번 과정에서
소금 조금 넣기

TIP

• 한두 번 먹이려면 반만 만들어도 돼요.

보관 및 데우는 법

보관
냉장하여 3일 내 소진 권장

영상으로 보기

구운 파프리카

다양하게 활용할 수 있는 달콤한 파프리카 요리

생파프리카를 싫어하는 아기에게 추천하는 메뉴예요. 파프리카는 오븐이나 에어프라이어에 구우면 더 달콤하고 맛있어요. 다져서 그냥 반찬처럼 먹어도 되고 주먹밥, 리조또, 볶음밥 등 요리에 활용하기에도 좋아요. 어른 샐러드나 샌드위치에도 잘 어울려요.

PART 2 반찬　　　매일 반찬 > 구운 파프리카

파프리카 1개

* 2~3회 먹는 양

요리 순서

1 파프리카는 세워서 옆면을 잘라 꼭지와 씨를 제거하고, 심지도 잘라낸다.

2 껍질이 위로 향하도록 담아, 180도로 예열한 오븐 또는 에어프라이어에 15분간 굽는다.

3 껍질은 제거한다.

4 잘게 다져서 냉장 또는 냉동한다.

 TIP

- 냉장으로 더 오래 보관하고 싶으면, 다지지 않은 상태로 용기에 담고 올리브오일을 잠기도록 부어 주세요. (볶음 등 고온의 요리에 쓰려면 퓨어 올리브오일을 사용해 주세요.)
- 냉동 시에는 다진 상태로 지퍼백이나 용기에 펼쳐서 보관하세요.

 보관 및 데우는 법

보관
냉장하여 2~3일, 냉동하여 2주 내 소진 권장

데우는 법
자연 해동

응용 요리

소고기 파프리카 볶음밥

소고기 다짐육 40g
구운 파프리카 1숟가락
양파 30g
밥 90g

다진 양파를 볶다가, 소고기 다짐육을 넣고 볶아요. 다 익으면 구운 파프리카를 넣고 잘 섞고, 밥을 넣어 한 번 더 볶아요.

연근 아몬드 들깨무침

들깨, 들기름의 고소한 맛과 영양을 더한 연근무침

연근에 들깻가루와 들기름을 넣고 버무려 만든 고소한 연근 요리예요.
연근을 얇게 썰어서 아기가 씹기에 좋지만, 아삭한 식감은 살아있어요. 아몬드 대신
다른 견과류를 넣어도 돼요. 맛이 조금 덜하겠지만, 알레르기가 있다면 생략해도 돼요.

PART 2 반찬   매일 반찬 > 연근 아몬드 들깨무침

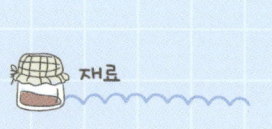

연근 60g
아몬드 15g
들깻가루 1티스푼(4g)
들기름 1/2티스푼

* 3회 먹는 양

요리 순서

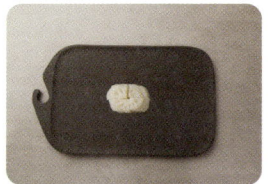

1 연근은 0.2cm 두께로 얇게 썰고 큰 것은 4등분한다.

2 연근을 식초 1숟가락 넣은 물에 10분간 담갔다가 끓는 물에 5분 데치고, 찬물에 헹군 후 물기를 뺀다.

3 아몬드는 잘게 부순다.

4 볼에 연근과 들깻가루, 들기름, 아몬드를 넣고 잘 버무린다.

저염 포인트
4번 과정에서 소금 조금 또는 아기 간장 1/2티스푼 넣기

 TIP

• 원하는 식감에 따라 연근을 더 오래 데쳐도 돼요.

 보관 및 데우는 법

보관
냉장하여 2~3일 내 소진 권장

브로콜리 검은깨 두부무침

몸에 좋은 슈퍼푸드로 만든 영양 반찬

어른이나 아이 할 것 없이 좋아하는 브로콜리 두부무침이에요. 여기에 영양 만점 블랙푸드 검은깨까지 더하면 더 건강한 반찬이 완성돼요. 다소 심심할 수 있는 무염 무침에 검은깨가 고소함을 더해줘요.

PART 2 반찬　　　매일 반찬 > 브로콜리 검은깨 두부무침

 재료

브로콜리 60g
두부 50g
검은깨 1/2~1티스푼
들기름 1티스푼

* 2회 먹는 양

요리 순서

1 브로콜리는 찌거나 데쳐서 한입 크기로 작게 자른다.

2 두부를 끓는 물에 2분간 데친다.

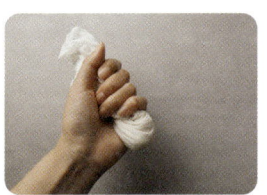

3 데친 두부는 면포로 물기를 최대한 짠다.

4 검은깨는 절구로 갈아준다.

5 볼에 브로콜리, 두부, 검은깨, 들기름을 모두 넣고 잘 버무린다.

저염 포인트
5번 과정에서
아기 간장
1/2티스푼 넣기

 TIP

• 절구가 없다면 검은깨를 작은 지퍼백에 넣고 밀대나 컵 등으로 밀며 곱게 부숴주세요.

보관 및 데우는 법

`보관` 냉장하여 2~3일 내 소진 권장

사과 오이무침

입맛을 돋워주는 상큼한 무침 반찬

아삭한 식감에 달콤함까지 더해진 메뉴예요. 오이씨를 제거해서 물이 덜 생기고,
더 아삭하게 먹을 수 있어요. 잘라서 버무리는 게 전부인 아주 간단한 레시피이기 때문에,
한 번 먹을 양만 먹기 바로 전에 만드시는 게 좋아요.

PART 2 반찬 매일 반찬 > 사과 오이무침

 재료

오이 45g
사과 20g
참기름, 깨 조금

* 1~1.5회 먹는 양

요리 순서

1 오이는 반으로 잘라 중앙의 씨 부분을 칼로 잘라낸 후, 0.3cm 두께로 채 썬다.

2 사과도 비슷한 길이, 두께로 채 썬다.

3 볼에 오이와 사과를 담고 참기름, 깨를 조금 뿌려 버무린다.

저염 포인트
오이를 약간의 소금에 미리 절여서 물기를 짜내고 사용

TIP

- 오이 껍질의 가시 부분은 소금으로 문지르거나, 칼로 긁어내 주세요.
- 아기 기호에 따라 껍질을 벗겨내도 돼요.
- 아기가 먹기 좋게 더 작게 잘라도 돼요.

브로콜리 줄기 당근볶음

영양 가득 브로콜리 줄기를 맛있게 먹는 레시피

브로콜리 줄기는 송이보다도 식이섬유가 많고 영양가가 높아요. 그냥 쪄서 줘도 되는데, 잘 먹지 않는다면 이렇게 당근과 볶아서 줘보세요. 파와 마늘 기름에 볶아 심심한 맛에 풍미를 더하고, 당근이 단맛을 더해줘요.

PART 2 반찬   매일 반찬 > 브로콜리 줄기 당근볶음

 **재료**

브로콜리 줄기 35g
당근 25g
쪽파 또는 대파 7g
다진 마늘 1/4티스푼 선택
기름 조금

* 2~3회 먹는 양

요리 순서

1 브로콜리 줄기는 울퉁불퉁한 부분을 칼로 잘라내고, 감자칼로 겉껍질을 한 겹 벗겨낸다.

2 브로콜리 줄기를 3cm 길이로 채 썰고, 당근도 같은 크기로 자른다. 쪽파는 송송 썬다.

3 기름을 둘러 예열한 팬에 쪽파와 다진 마늘을 넣고 약불에 볶는다.

4 브로콜리 줄기와 당근을 넣고 익을 때까지 약 5분간 볶는다.

저염 포인트
4번 과정에서 소금 조금 넣기

 TIP

- 브로콜리 줄기는 익은 당근과 비슷한 식감으로 익히면 돼요. 단단하지 않고 살짝 아삭한 느낌으로요.
- 조금 더 촉촉하게 익히고 싶으면, 물을 한 숟가락 붓고 팬 뚜껑을 덮어 1분 정도 더 익혀 주세요.

 보관 및 데우는 법

보관 냉장하여 2~3일 내 소진 권장

연근 고구마 범벅

뿌리채소 2가지로 만든 달콤 아삭한 메뉴

뿌리채소인 고구마와 연근도 꽤 잘 어울리는 조합이에요. 구운 연근에 달콤한 찐 고구마를 범벅하면 연근이 낯선 아기도 맛있게 먹을 수 있어요. 연근의 살짝 아삭한 식감도 재밌는데, 부드러운 게 좋으면 데쳐서 사용해도 돼요.

PART 2 반찬　　　매일 반찬 > 연근 고구마범벅

요리 순서

재료

연근 60g
고구마 25g
전분가루 2티스푼
기름 조금

* 2회 먹는 양

1 고구마는 찜기에 쪄서 으깬다.

2 연근은 0.5cm 두께로 채 썰어 반 자르고, 식초 1숟가락을 푼 물에 10분간 담갔다가 헹군다.

3 연근을 봉지에 담은 후, 전분가루를 넣고 봉지를 부풀려 전분가루가 골고루 묻게 흔든다.

4 기름을 둘러 예열한 팬에 연근 앞뒷면을 노릇하게 굽는다.

5 고구마를 팬에 넣고 연근과 섞는다.

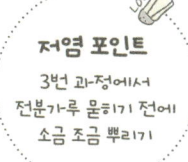

저염 포인트
3번 과정에서 전분가루 묻히기 전에 소금 조금 뿌리기

TIP

● 연근 식감을 부드럽게 하려면, 5분 정도 데쳐서 사용해도 돼요.
● 한 번에 다 먹기엔 많은 양인데, 어른이 같이 먹지 않으면 양을 줄여서 만들길 권장해요.

사과 파프리카 김치

파프리카와 사과로 만든 김치 비주얼 반찬

고춧가루 대신 파프리카로 빨간색을 내고, 무 대신 사과를 사용해 깍두기처럼 보이게 만든 메뉴예요. 비타민이 풍부한 파프리카를 맛있게 섭취할 수 있어요.
어른 김치에 관심을 보이는 아기라면, 이 메뉴로 식사에 재미를 더해보세요.

PART 2 반찬　　　매일 반찬 > 사과 파프리카 김치

재료

사과 100g(건더기용 60g + 양념용 40g)
알배추 50g(2장)
빨간 파프리카 70g
밥 1티스푼 선택

* 4회 먹는 양

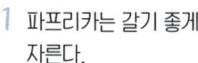 요리 순서

1 파프리카는 갈기 좋게 자른다.

2 사과는 작게 깍둑썰고, 자투리 40g은 양념용으로 덜어둔다.

3 알배추는 길게 3~4등분하고, 먹기 좋게 썬다.

4 파프리카와 양념용 사과 40g, 밥 1티스푼을 믹서에 갈아준다.

5 볼에 알배추와 깍둑썬 사과를 담고 4를 넣어 잘 버무린다.

6 용기에 담아 냉장고에 하룻밤 숙성한다.

 TIP

- 보관 가능 기간은 냉장 조건에 따라 다를 수 있어요. 절이지 않았으니, 되도록 빨리 소진해 주세요. 많을까 봐 걱정되면 조금만 만들어 주세요.
- 사과는 바로 먹여도 되는데, 배추는 숨이 좀 죽도록 하루 있다가 주시는 게 좋아요.
- 밥은 재료에 양념이 잘 묻으라고 찹쌀풀 역할로 넣는 것인데 생략해도 크게 문제없어요.

저염 포인트
알배추를 소금물에 절여서 사용

 보관 및 데우는 법

보관
냉장하여 4일 내 소진 권장

메인 요리로 추천하는 특별한 반찬 모음

일품 반찬

맛있게 단백질 섭취하기

채소를 곁들인 다양한 단백질 요리를 담았어요.
생선, 돼지 등갈비, 소고기 등 다양한 단백질원을 사용해 영양을 채워줘요.

204 가자미 알배추찜

206 가자미까스

208 닭다리 파우더구이

210 당근 등갈비찜

212 토마토 등갈비찜

214 바나나 두부강정

216 연근크로켓

218 함박 파프리카전

220 파프리카 팍시

222 버섯잡채

기계로 굽는 요리는 조리 시간 종료 5분 전에 타지 않는지 꼭 확인하세요.
필요하면 더 익히거나 온도를 조절해 주세요.

가자미 알배추찜

찜으로 더 담백하고 건강하게 생선 즐기기

가자미를 배추에 말아서 찐 요리예요. 달달 아삭한 배추와 고소한 가자미가 차례로 씹히는데, 입안 가득 채소즙이 느껴져요. 달콤한 과일소스를 만들어 뿌려도 좋아요. 어른도 같이 드셔보세요. 상큼한 드레싱소스도 잘 어울리고, 토마토와 같이 먹어도 맛있어요.

PART 2 반찬   일품 반찬 > 가자미 알배추찜

 재료

순살 가자미 60g
알배추 1장
팽이버섯 20g
무염 버터 5g

* 1~1.5회 먹는 양

요리 순서

1 알배추는 흰 줄기 부분을 칼등으로 두드려 연하게 만들고, 팽이버섯은 밑동을 잘라낸다.

2 알배추 줄기 부분 위에 손질한 가자미, 팽이버섯, 작게 조각낸 버터를 층층이 얹는다.(버터 조금 남겨두기)

3 배추로 감싸고, 남겨둔 버터 한 조각을 그 위에 얹은 후, 찜기의 물이 끓으면 채반을 올려 10분간 찐다.

4 완성 후 먹기 좋게 자른다.

저염 포인트
가자미에 소금 밑간하고, 가염 버터 사용

 TIP

- 버터는 작게 4조각 내서 사용했어요.
- 덜 익었다면 찌는 시간을 늘려 주세요.

영상으로 보기

가자미까스

튀기지 않고, 밀가루도 쓰지 않는 웰빙 생선까스

가자미는 비린 향 없이 고소한 흰살생선으로, 아기들 생선 입문용으로 좋아요. 생선까스로 만들면 더 맛있는데요. 시판 빵가루는 가염되어 있어 무염식에 사용하기 적합하지 않아서, 아몬드가루를 사용했어요. 기름에 튀기지 않고 오븐에 구워 더 건강하고, 아몬드의 고소한 맛이 무염식에 풍미를 한층 더 높여줘요.

PART 2 반찬　　　　　　　　　　　　일품 반찬 > 가자미까스

재료

순살 가자미 80~100g
쌀가루 또는 전분가루 2숟가락
달걀 1개
아몬드가루 2숟가락

* 1회 먹는 양

요리 순서

1 가자미 앞뒷면에 쌀가루, 달걀물, 아몬드가루를 순서대로 얇게 묻힌다.

2 180도로 예열한 오븐 또는 에어프라이어에 15~20분간 굽는다.

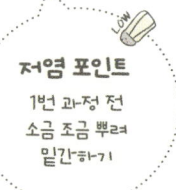

저염 포인트
1번 과정 전
소금 조금 뿌려
밑간하기

TIP

- 달걀물은 달걀 1개를 풀어서 만드는데, 메추리알 2개로 대체해도 돼요.

닭다리 파우더구이

기름기 쏙 뺀 오븐 또는 에어프라이어 구이

어른 치킨 먹을 때 아기가 호기심을 보인다면, 이 메뉴를 만들어 주세요.
오븐이나 에어프라이어에 구워 기름을 최소한만 쓸 수 있어요. 파우더만 톡톡 뿌려 버무리면
비린 냄새 없이 맛있는 닭다리 구이가 완성돼요.

PART 2 반찬   일품 반찬 > 닭다리 파우더구이

재료

닭다리 2~3개
갈릭파우더 조금
어니언파우더,
파프리카파우더 조금 선택
기름 1숟가락

* 1회 먹는 양

요리 순서

1 닭다리는 키친타월로 껍질을 잡아당겨 벗기고 지방은 떼어낸 후, 우유 또는 분유물에 30분 이상 담가 비린내를 제거한다.

2 닭다리를 물에 헹군 후 키친타월로 물기를 닦고 칼집을 낸다.

3 기름 1숟가락에 파우더 3가지를 톡톡 뿌려 잘 섞는다.

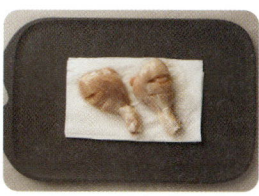

4 닭다리에 3을 잘 버무린다.

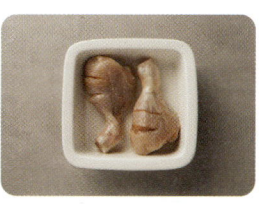

5 180도로 예열한 오븐 또는 에어프라이어에 20분, 뒤집어 15분 굽는다.

저염 포인트

3번 과정에서 소금 조금 넣기

TIP

- 파프리카파우더는 아주 조금만 사용해요. 없으면 생략하세요.
- 올리브오일을 쓰려면 퓨어 올리브오일을 사용해 주세요.
- 20분 구웠는데 충분히 노릇하지 않으면, 뒤집을 땐 온도를 10도 높여 주세요.
- 아기에게 통으로 주려면, 위험한 가시뼈나 연골 및 물렁뼈는 제거하고 주세요.

당근 등갈비찜

채소와 과일로 완성한 감칠맛 가득 등갈비

등갈비는 단이가 좋아하는 재료 중 하나예요. 간장과 당류 제품을 따로 넣지 않아도
당근, 양파, 배로 달콤하고 감칠맛이 느껴지는 등갈비 요리를 만들 수 있어요.
손이 제법 가지만, 한 번 만들어 두면 2~3번 먹일 수 있어요.

PART 2 　반찬　　　　　　　　　　　　　일품 반찬 > 당근 등갈비찜

재료

돼지 등갈비 300g
당근 50g
양파 40g
배 60g
채소육수 또는 물 200ml
월계수 잎 1장

* 2~3회 먹는 양

TIP

- 월계수 잎이 없으면 양파 작은 거 1개, 대파 1대로 대체해 주세요.
- 덩어리로 된 등갈비면 뼈 쪽의 근막을 제거해요. 최대한 뼈 쪽에 붙여 칼질(가위질)하면 한쪽에 살이 몰려 있어 먹기 편해요.
- 갈빗대가 잘린 등갈비를 샀다면 나중에 뼈와 쉽게 분리되도록 근막 부분에 칼집을 내주세요.
- 8번 과정에서 뚜껑 열고 물기가 너무 없으면, 눌어붙지 않게 채소육수나 물을 추가해 주세요.
- 더 부드럽게 익히고 싶으면 채소육수나 물을 추가해서 더 끓여주세요.

보관 및 데우는 법

[보관]
냉장하여 2일, 냉동하여 2주 내 소진 권장

[데우는 법]
채소육수 또는 물을 조금 추가해 냄비에 약불로 데우기

* 냉동 시 냉장 해동 후 데워 주세요.

요리 순서

1 등갈비는 찬물에 1시간 동안 담가 핏물을 제거한다.

2 당근, 양파는 얇게 자르고, 배도 갈기 좋게 자른다.

3 전자레인지 찜기에 양파, 당근 순으로 담고, 물을 조금 부어 전자레인지에 1분 30초간 돌린 후 물은 버린다.

4 믹서에 당근, 양파, 배 그리고 채소육수를 넣고 갈아준다.

5 등갈비를 건져내 흐르는 물에 씻고, 살코기가 두꺼운 부분에 칼집을 낸다.

6 등갈비를 냄비에 담고, 찬물 1L와 월계수 잎을 넣어 강불로 10분, 중불로 20분 끓인다.

7 건져 낸 등갈비는 흐르는 물에 불순물을 깨끗이 씻는다.

8 등갈비를 담은 냄비에 4를 붓고, 끓어오르면 뚜껑을 닫고 15분 더 끓인다. 타지 않게 중간중간 뒤집으며 저어준다.

9 뚜껑을 열고 바닥의 소스를 등갈비 위에 끼얹어가며 10~15분 더 익혀준다.

저염 포인트
8번 과정에서 아기 간장 2티스푼 넣기

영상으로 보기

토마토 등갈비찜

새콤달콤 토마토소스로 만든 아기 등갈비 요리

토마토의 감칠맛도 등갈비와 아주 잘 어울려요.
붉은색이라서 보기에는 어른 매운 등갈비와 언뜻 비슷한 느낌이지만,
새콤달콤한 토마토소스에 고기육수의 깊은 맛이 더해진 등갈비 요리예요.

PART 2 반찬　　　　　　　　　　　　　　　일품 반찬 > 토마토 등갈비찜

 재료

돼지 등갈비 300g
감자 90g
당근 40g
양파 75g(건더기용 40g + 소스용 35g)
완숙 토마토 1개(200g)
사과 50g
채소육수 또는 물 200ml
월계수 잎 1장
다진 마늘 1/3티스푼 선택
기름 조금

* 2회 먹는 양

 TIP

- 월계수 잎이 없으면 양파 작은 거 1개, 대파 1대로 대체해 주세요.
- 덩어리로 된 등갈비면 뼈 쪽의 근막을 제거해요. 최대한 뼈 쪽에 붙여 칼질(가위질)을 하면 한쪽에 살이 몰려 있어 먹기 편해요.
- 갈빗대가 잘린 등갈비를 샀다면 나중에 뼈와 쉽게 분리되도록 근막 부분에 칼집을 내주세요.
- 더 부드럽게 익히고 싶다면 채소육수나 물을 추가해서 더 끓여 주세요.

 보관 및 데우는 법

보관
냉장하여 2일, 냉동하여 2주 내 소진 권장

데우는 법
채소육수 또는 물을 조금 추가해 냄비에 약불로 데우기

※ 냉동 시 냉장 해동 후 데워 주세요.

요리 순서

1 등갈비는 찬물에 1시간 동안 담가 핏물을 제거한다.

2 냄비에 등갈비가 잠기도록 찬물을 붓고 월계수 잎을 1장 넣어 센 불에 10분간 데친다.

3 감자와 당근은 작게 부채꼴 모양으로 썰고, 건더기용 양파는 채 썰어 반 자른다.

4 꼭지를 제거한 토마토와 사과, 소스용 양파는 갈기 좋게 잘라 믹서에 갈아준다.

5 등갈비를 건져내고 흐르는 물에 불순물을 씻어낸 후, 살코기가 두꺼운 부분에 칼집을 낸다.

6 기름을 둘러 예열한 냄비에 양파와 다진 마늘을 볶다가, 노릇해지면 등갈비를 넣어 볶는다.

7 감자, 당근을 넣고 중불로 높여 당근이 반쯤 익을 때까지 볶는다.

8 4와 채소육수 200ml를 붓고 잘 섞는다.

9 강불로 높여 끓이면 중불로 낮춰 뚜껑을 닫고 40분, 약불로 10분 끓인다.

저염 포인트
9번 과정에서 소금 조금 넣기

영상으로 보기

바나나 두부강정

달콤한 바나나소스를 곁들인 바삭 두부강정

두부를 튀기듯 구워 강정으로 만들면 맛이 없을 수 없죠. 별다른 소스를 만들지 않고,
바나나만 으깨서 볶아도 달콤하고 잘 어울려요. 바삭바삭한 식감을
살리려면 두부를 소스에 볶지 않고 그냥 뿌리거나, 찍어 먹어도 좋아요.
오븐 또는 에어프라이어에 두부를 구우면 기름 사용량을 줄일 수 있어요.

PART 2 반찬   일품 반찬 > 바나나 두부강정

두부 1/3모(100g)
바나나 45g
전분가루 1숟가락
기름 2~3숟가락

* 1회 먹는 양

요리 순서

1 키친타월을 깔고 두부를 1.5cm 두께로 깍둑썬다.

2 비닐 팩에 두부와 전분가루를 넣는다.

3 봉지를 부풀리고 흔들어 섞어준다.

4 팬에 기름을 붓고 중약불로 달군다. 두부 하나를 얹어보고, 주변에 보글보글 거품이 생기면 나머지도 얹는다.

5 두부끼리 서로 달라붙지 않게 떼어가며 네 면을 골고루 익힌 후, 식힘 망이나 키친타월 위에 얹어 기름을 뺀다.

6 바나나를 곱게 으깨 팬 위에 붓고, 약불로 끓인다.

7 보글보글 거품이 올라오면 잘 섞어주고, 불을 끈 후 두부를 넣고 한 번 섞는다.

 TIP

- 꼭 반점(슈가스팟)이 있는 잘 익은 바나나를 사용하세요.
- 기름은 바닥이 모두 잠길 정도로만 부어 주세요.
- 바나나는 시간이 지나면 색이 변하니, 미리 만들어둘 경우 소스만이라도 먹기 바로 전에 조리하는 게 좋아요.
- 소스에 두부를 섞는 대신 뿌리거나 찍어 먹으면 더 바삭해요.
- 두부를 오븐 또는 에어프라이어에 구우려면, (1) 2번 과정 다음에 봉지에 기름을 2티스푼 정도 넣고 한 번 더 흔들어 준 후 200도로 예열한 오븐 또는 에어프라이어에 8~10분간 구워 주세요. (2) 기름을 안 쓰려면 전분, 기름을 묻히지 않고 오븐 또는 에어프라이어에 구울 겉면만 좀 단단하게 익혀 주세요. (200도로 예열하여 8~10분)

저염 포인트
두부 자른 후
소금으로 밑간하기

영상으로 보기

연근크로켓

아몬드가루를 입힌 고소한 연근 요리

식이섬유, 비타민C, 칼륨 등 영양이 풍부한 연근은 아몬드와도 잘 어울려요.
밀가루, 빵가루, 기름 없이 전분가루, 달걀, 아몬드가루를 입혀 오븐에 구우면 식감도 좋고
고소해 온 가족이 맛있게 즐길 수 있어요.

PART 2 반찬   일품 반찬 > 연근크로켓

 **재료**

연근 100g
전분가루 1숟가락
달걀 1개
아몬드가루 1/2~2/3컵

* 4회 먹는 양

요리 순서

1 연근은 0.4cm 두께로 채 썰어 식초 1숟가락 푼 물에 10분간 담갔다가 헹구고 물기를 닦는다.

2 비닐 팩에 연근과 전분가루를 넣고 연근에 가루가 골고루 묻도록 부풀려 흔든다.

3 연근 앞뒷면에 달걀물, 아몬드가루를 순서대로 얇게 묻혀 젓가락으로 구멍을 콕콕 뚫어준다.

4 190도로 예열한 오븐 또는 에어프라이어에 15분간 굽는다.

저염 포인트
4번 과정에서 달걀물에 소금 조금 넣기

 TIP

- 연근이 단단하지 않고 살짝 말캉한 식감인데, 더 부드럽게 만들고 싶으면 끓는 물에 5분 이상 데쳐서 사용하세요.
- 전분가루 대신 밀가루를 써도 돼요.
- 아몬드가루도 너무 두껍게 입히면 텁텁할 수 있으니 한 번 털어내 주세요.
- 4에서 구멍을 뚫는 것을 생략해도 되지만, 하면 연근 모양이 더 예뻐요.

 보관 및 데우는 법

보관
바로 먹이고 남은 것은 냉동하여 2주 내 소진 권장

데우는 법
180도로 예열한 오븐 또는 에어프라이어에 5~10분간 데우거나 전자레인지 1분

함박 파프리카전

함박 반죽으로 쉽고 맛있게 만드는 파프리카전

파프리카에 고기 반죽을 채워서 구워도 맛있어요. 함박스테이크를 만들 때 반죽을 남겨두었다가 만들곤 하는데, 어른이 먹기에도 맛있어요. 고기가 완전히 익도록 약불에 충분히 구워 주세요. 달걀은 알레르기가 있다면 생략해도 크게 문제없어요.

PART 2 　반찬　　　　　　　　　일품 반찬 > 함박 파프리카전

 재료

함박 반죽 30g 318쪽 참고
미니 파프리카 1개 또는
파프리카 둥글게 채 썬 것
1~2조각
달걀 1개 또는 메추리알 2개
기름 조금

* 1회 먹는 양

요리 순서

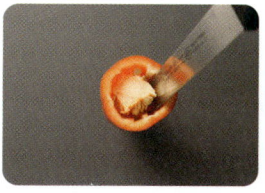

1 미니 파프리카는 꼭지 쪽을 잘라내고, 속의 심지는 칼로 잘라낸다.

2 둥글게 0.5cm 두께로 자른다.

3 요리 주걱이나 티스푼으로 파프리카에 함박 반죽을 채운다.

4 달걀을 풀어 3에 달걀물을 앞뒤로 묻힌다.

5 기름을 둘러 예열한 팬에 속까지 익도록 앞뒷면을 굽는다.

저염 포인트
4번 과정에서
소금 조금 넣기

 TIP

• 파프리카 속을 채울 때는 빈 면적이 좁은 쪽을 아래에 두고 채워요.

 보관 및 데우는 법

보관
다 굽고, 남은 것은 냉장하여 2~3일 내 소진 권장

데우는 법
팬에 기름 없이 약불로 데우기

파프리카 팍시

토마토 대신 파프리카 속을 채운 소고기 요리

다진 고기나 채소로 속을 채운 프랑스 요리, 팍시를 파프리카로 만들었어요. 보통은 토마토로 만들지만, 파프리카로 만들어도 아주 맛있거든요. 파프리카 속에 소고기, 채소, 치즈를 듬뿍 넣어 근사한 요리처럼 만들어 보세요. 채소는 집에 있는 것만 활용해도 돼요.

PART 2 반찬 　　　일품 반찬 > 파프리카 팍시

요리 순서

재료

작은 파프리카 1개
소고기 30g
양파 15g
새송이버섯 20g
가지 10g
애호박 10g
아기 치즈 1장
기름 조금

* 1회 먹는 양

TIP

- 양파는 꼭 넣고, 나머지 채소는 집에 있는 것으로 대체해도 돼요.
- 고기는 기름기가 너무 많지 않은 부위로 사용하고, 다짐육도 괜찮아요.
- 파프리카 크기에 따라 채울 때 필요한 소고기 채소볶음의 양이 달라요. 넉넉히 볶아 두었다가, 하루 이틀 내 주먹밥이나 리조또 등 다른 요리에 사용하면 좋아요.

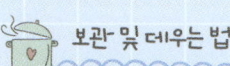

보관 및 데우는 법

[보관] 냉장하여 2일 내 소진 권장
[데우는 법] 전자레인지 30초~1분

1 파프리카는 꼭지 부분을 잘라내고 씨와 심지를 파낸 뒤, 속 재료로 쓸 1~2cm를 추가로 자른다.

2 1에서 잘라낸 파프리카와 채소, 키친타월로 핏물 닦은 소고기는 먹기 좋은 크기로 작게 자른다.

3 양파를 기름에 볶다가, 투명하게 익으면 고기를 넣고 볶는다.

4 고기 핏기가 가시면, 다른 채소를 모두 넣고 볶는다.

5 파프리카 윗면 크기로 치즈를 둥글게 자르고 자투리도 남겨둔다.

6 파프리카에 소고기 채소볶음과 자투리 치즈 조각낸 것을 번갈아 넣어 채운다.

7 둥글게 자른 치즈를 얹고 가장자리가 파프리카 안쪽으로 들어가게 매만진다.

8 170도로 예열한 오븐 또는 에어프라이어에 10~13분간 굽는다.

저염 포인트
4번 과정에서 소금 조금 넣기

버섯잡채

배, 양파 양념으로 고기를 재워 만든 무염 잡채

잡채는 재료가 많이 들어가다 보니 손이 좀 많이 가는 음식이긴 한데요. 그래도 생일상에 빠트릴 수 없죠. 배, 양파 소스로 고기를 재워 심심함을 줄였어요. 한두 번 먹고 남은 건 잡채만두로 만들어 보세요. 더 맛있어요.

PART 2 반찬　　　　　　　　　　　일품 반찬 > 버섯잡채

요리 순서

 재료

- **당면** 30g
- **소고기 등심**
  (또는 얇은 불고기용) 60g
- **양파** 55g
  (소스용 25g+건더기용 30g)
- **배** 35g
- **버섯** 50g
  (표고 1/2개+느타리 40g)
- **파프리카** 30g
- **시금치** 20g(데친 후 15g)
- **쪽파 또는 대파** 8g
- **채소육수** 약 500ml
- **다진 마늘** 1/4티스푼 선택
- **참기름, 깨** 조금
- **기름** 조금

* 3회 먹는 양

 TIP

- 파프리카가 없다면 당근으로 대체하세요.
- 버섯은 한 가지만 사용해도 돼요.

 보관 및 데우는 법

보관
냉장하여 3일 내 소진 권장

저염 포인트
1번, 4번 과정에서
아기 간장 1티스푼씩
넣기

1 키친타월로 핏물 닦은 소고기는 먹기 좋게 자른 뒤, 배 35g, 양파 25g 간 것과 버무려 냉장고에 1시간 이상 둔다.

2 당면을 담은 볼에 차가운 채소육수를 당면이 잠기도록 부어 1시간 동안 불린다.

3 채소는 먹기 좋게 자르고, 시금치는 데쳐서 찬물에 헹군 후 물기를 꼭 짜고 적당한 길이로 썬다.

4 불린 당면을 건져내 가위로 잘라 팬에 얹고, 불릴 때 쓴 육수를 잠기도록 부어 중약불에 볶으며 5분간 졸여준다.(필요시 육수 보충)

5 기름을 조금 뿌려 한 번 가볍게 볶아낸 후 덜어둔다.

6 씻은 팬에 기름 1티스푼을 붓고 쪽파, 다진 마늘을 넣어 1분간 볶다가, 양파도 넣고 투명해지도록 볶는다.

7 고기를 넣고 익을 때까지 볶는다.

8 당면과 버섯, 파프리카를 넣고 버섯이 익을 때까지 볶는다.

9 불을 끄고, 시금치를 넣어 섞은 후 먹을 양만 덜어서 참기름과 통깨를 뿌려 섞어준다.

 **응용 요리**

잡채만두

잡채를 오목한 접시에 담아 가위로 자른 후 달걀 1개를 넣고 섞어요. 기름을 둘러 예열한 팬에 작고 둥글게 반죽을 펼친 후, 윗면이 다 익기 전에 반 접어 다 익을 때까지 구워요.

영상으로 보기

채소 듬뿍 넣은 맛있는 전/완자 요리

전/완자

온가족 반찬 메뉴

찜/볶음으로 안 먹는 재료는 전으로 만들어 보세요.
조금 덜 바삭하게 구워지더라도 코팅팬에 기름을 조금만 쓰고 굽는 게 좋아요.

226 **돼지고기 부추전**   244 **시금치 배추전**

228 **당근 치즈전**   246 **애호박 치즈전**

230 **브로콜리 감자전**   248 **감자 파프리카전**

232 **소고기 다짐육전**   250 **오꼬노미야끼**

234 **연근 새우전**   252 **우엉 깻잎전**

236 **새송이전 & 새송이 깻잎전**   254 **가자미전**

238 **네모 애호박전**   256 **당근 곶감전**

240 **미역 두부전**   258 **감자랑땡**

242 **감자 부추전**   260 **두부새우랑땡**

충분히 예열하고, 중약불에 구워요.

돼지고기 부추전

돼지고기를 넣어 더 고소한 부추전

궁합 좋은 돼지고기와 부추의 만남이에요. 돼지고기를 넣어 더 고소하고,
어른 부추전보다는 부추를 적게 넣어서 아기가 먹기에도 향이 아주 강하진 않아요.
저는 넉넉히 만들어 아기 것은 빼고 소금 간을 추가해 같이 먹어요.

PART 2 반찬 전/완자 > 돼지고기 부추전

 **재료**

돼지고기 다짐육 40g
부추 20g
전분가루 1숟가락(10g)
달걀 1개
기름 조금

* 1~2회 먹는 양

요리 순서

1 부추는 1cm 길이로 자른다.

2 볼에 모든 재료를 넣고 섞는다.

3 기름을 둘러 예열한 팬에 반죽을 1숟가락씩 얹어, 눌러가며 얇게 펴서 굽는다.

저염 포인트

2번 과정에서 소금 조금 넣기

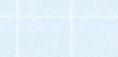 **TIP**

- 돼지고기 부위는 안심이나 등심을 추천해요.
- 전분가루가 없다면 밀가루나 부침가루로 대체하세요.

보관 및 데우는 법

 보관
다 굽고, 남은 것은 냉장하여 2~3일 내 소진 권장

 데우는 법
팬에 기름 없이 약불로 데우기

당근 치즈전

당근을 가장 맛있게 먹을 수 있는 법

볶음밥의 치즈가 바닥에 살짝 눌었을 때, 그 맛 아시나요? 그 맛을 상상하며 만들어 본 메뉴예요. 구워서 달달해진 당근과 고소하게 눌어붙은 치즈가 아주 잘 어울려요. 재료도 과정도 간단하지만, 맛은 기대 이상이에요.

PART 2   반찬   전/완자 > 당근 치즈전

재료

당근 50g
아기 치즈 1장
전분가루 1티스푼(3g)
기름 조금
물 1숟가락

* 1~2회 먹는 양

요리 순서

1 당근은 감자칼로 얇게 자른 후 채 썰고, 2cm 길이로 한 번 더 자른다.

2 당근을 볼에 담고 전분가루 1티스푼을 넣어 섞은 후, 물 1숟가락을 넣고 한 번 더 섞는다.

3 아기 치즈를 작게 자른다.

4 당근 반죽에 치즈를 넣고 살살 버무리며 섞는다.

5 반죽을 조금 덜어 손으로 꾹꾹 누르고, 기름을 둘러 예열한 팬에 얹는다. 아랫면 치즈가 눌어붙으면, 뒤집개로 윗면을 누른다.

6 아랫면을 살살 긁어내듯 떼어내 뒤집고, 반대편도 충분히 굽는다.

TIP

- 치즈가 충분히 눌어붙어야 뒤집을 때 팬에서 분리가 잘 돼요.
- 약불에 오래 구워 주세요.

저염 포인트
2번 과정에서 소금 조금 넣기

 보관 및 데우는 법

보관
다 굽고, 남은 것은 냉장하여 2~3일 내 소진 권장

데우는 법
팬에 기름 없이 약불로 데우기

영상으로 보기

브로콜리 감자전

브로콜리로 영양을 더한 바삭한 감자전

감자전은 그냥 구워도 맛있고 부추를 넣어도 맛있지만, 브로콜리를 넣으면 은은하게 단맛이 나서 또 매력 있어요. 칼슘과 식이섬유까지 섭취할 수 있고요. 브로콜리를 듬뿍 넣어도 괜찮아요.

PART 2 반찬　　　　　　　　　전/완자 > 브로콜리 감자전

재료

감자 1개(90g)
양파 25g
브로콜리 10g
기름 조금

* 1~2회 먹는 양

요리 순서

1 감자와 양파를 강판에 갈고, 자투리는 다진다.

2 그릇 위에 채반을 얹고 감자, 양파 간 것을 얹은 후, 스푼으로 여러 번 눌러 10분간 둔다.

3 브로콜리는 찌거나 데쳐서 다진다.

4 2에서 받쳐 둔 그릇의 물은 버리고, 바닥에 가라앉은 감자 전분만 남겨둔다.

5 감자 전분과 감자, 양파 간 것, 브로콜리를 잘 섞는다.

6 기름을 둘러 예열한 팬에 반죽을 1숟가락씩 얹어 둥글납작하게 펴준다.

7 감자가 투명하게 익으면 뒤집어 노릇하게 굽는다.

저염 포인트
5번 과정에서 소금 조금 넣기

TIP

- 2번 과정에서 너무 꽉 누를 필요는 없어요. 반죽에 수분도 어느 정도 필요해요.
- 한 번 뒤집고 나면 아랫면에 기름이 골고루 묻도록 해 주세요. 필요하면 기름을 아주 조금 더 부어요.(감자 전분이 하얗게 남는 것을 방지)

보관 및 데우는 법

보관
다 굽고, 남은 것은 냉장하여 2~3일 내 소진 권장

데우는 법
팬에 기름 없이 약불로 데우기

소고기 다짐육전

육전용 고기 따로 살 필요 없이 더 간단하고, 맛있게

육전을 다짐육으로 만들면, 아기가 훨씬 씹기 좋아요. 채소도 듬뿍 넣어서 먹일 수 있어서 좋고요. 아기 것은 덜어 놓고, 간만 조금 해서 온 가족이 함께 드셔도 좋아요. 고기 잘 안 먹는 아기도 한번 도전해 보세요.

PART 2 　 반찬　　　　　전/완자 > 소고기 다짐육전

 재료

소고기 다짐육 65g
새송이버섯 30g
양파 30g
쪽파 10g
달걀 1개
전분가루 1티스푼(3g)
기름 조금

* 2~2.5회 먹는 양

 TIP

- 버섯이 없으면 생략하고 고기 양을 조금 늘리세요.
- 매운 양파는 다진 후 물에 10~20분 담갔다가 물기를 빼 주세요.
- 애호박, 당근 등 다른 자투리 채소를 활용해도 돼요.
- 전분가루는 밀가루나 부침가루로 대체해도 돼요. 없으면 생략해도 되는데, 구울 때 부서지기 쉬워요.
- 반죽에 다진 마늘이나 갈릭파우더를 조금 넣으면 더 맛있어요.
- 노릇하게 충분히 익은 후 뒤집어야 부서지지 않아요.

 보관 및 데우는 법

보관
다 굽고, 남은 것은 냉장하여 2~3일 내 소진 권장

데우는 법
팬에 기름 없이 약불로 데우기

요리 순서

1 새송이버섯, 양파, 쪽파는 다진다.

2 소고기는 키친타월로 핏물을 닦는다.

3 볼에 1과 2, 달걀, 전분가루를 넣고 잘 섞는다.

4 기름을 둘러 예열한 팬에 반죽을 1숟가락씩 얹어 굽는다.

5 노릇해지면 뒤집고, 뒤집개로 살짝 눌러 더 굽는다.

저염 포인트
3번 과정에서 소금 조금 넣기

영상으로 보기

연근 새우전

부드러운 식감, 고소한 맛의 무염 전 메뉴

연근과 새우는 아주 잘 어울리는 조합이에요. 연근을 한 번 데치고 갈아서 식감이 부드러워요. 참치를 안 넣었는데 묘하게 참치 맛이 나요. 별도로 간은 하지 않지만, 새우가 들어가서 많이 심심하지 않고 어른 입에도 맛있어요.

 **재료**

연근 60g
새우 40g
달걀 1개
양파 30g
기름 조금

* 2회 먹는 양

요리 순서

1 연근을 식초 1숟가락 푼 물에 10분 담갔다가 헹군 후, 끓는 물에 5분간 데친다.

2 연근과 새우는 갈기 좋게 썰고, 양파는 다진다.

3 연근과 손질한 새우, 달걀을 믹서에 갈아준다.

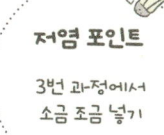

4 3과 다진 양파를 섞는다.

5 기름을 둘러 예열한 팬에 반죽을 1숟가락씩 덜어서 얇고 둥글게 펴주고 굽는다.

저염 포인트
3번 과정에서 소금 조금 넣기

 TIP

• 3번 과정에서 너무 곱게 가는 것보다 알갱이가 조금 있도록 가는 게 좋아요.
• 작게 굽는 게 번거로우면, 크게 굽고 잘라서 줘도 돼요.

 보관 및 데우는 법

보관
다 굽고, 남은 것은 냉장하여 2~3일 내 소진 권장

데우는 법
팬에 기름 없이 약불로 데우기

새송이전 & 새송이 깻잎전

재료도 조리법도 간단한 완밥 보장 메뉴

새송이버섯을 통째로 채 썰어 전으로 구우면 아기들은 씹기 어려워할 수 있는데, 이렇게 다져서 만들면 씹기 훨씬 편해요. 기본 새송이전에 깻잎이나 김을 추가하면 또 색다르게 완성돼요. 다 맛있지만, 단이는 깻잎 넣은 버전을 가장 좋아해요.

PART 2　반찬　　　　　　　　　전/완자 > 새송이전 & 새송이 깻잎전

 재료

새송이버섯 50g(1/2개)
양파 30g
달걀 1개
깻잎 3장 선택
전분가루 1티스푼(3g)
기름 조금

* 2~3회 먹는 양

요리 순서

1 양파, 새송이버섯, 깻잎은 다진다.

2 손질한 채소와 달걀, 전분가루를 볼에 넣고 섞는다.

3 기름을 둘러 예열한 팬에 반죽을 1숟가락씩 얹어 굽는다.

4 아랫면이 노릇해지면 뒤집고, 뒤집개로 한 번 눌러 조금 더 굽는다.

저염 포인트
2번 과정에서 소금 조금 넣기

 TIP

- 전분가루는 생략해도 되지만, 뭉쳐지는 힘이 약해서 굽거나 뒤집을 때 부서질 수 있어요. 밀가루나 부침가루로 대체해도 돼요.
- 매운 양파는 다진 후 물에 10~20분간 담갔다가 물기를 빼 주세요.
- 구울 때 반죽을 너무 얇게 펴면, 찢어지기도 쉽고 식감도 덜해요.

응용 요리

새송이 김전

2번 과정에서 깻잎과 양파를 생략하고, 아기 김 1봉지를 부숴 넣으면 돼요.

 보관 및 데우는 법

보관
다 굽고, 남은 것은 냉장하여 2~3일 내 소진 권장

데우는 법
팬에 기름 없이 약불로 데우기

영상으로 보기

네모 애호박전
달달한 애호박에 새우 두부 반죽을 채워 고소하게

애호박 속에 재료를 채워 전을 만들면, 모양도 예쁘고 애호박 식감도 더 잘 느껴져요.
새우와 두부로 단백질도 충분히 섭취할 수 있어요. 소금으로 간하거나 간장과 곁들이면,
어른 손님상에 놓아도 좋은 메뉴예요.

PART 2 반찬   전/완자 > 네모 애호박전

 재료

애호박 1/2개
새우 40g
양파 25g
두부 50g
전분가루 2숟가락
달걀 1개
다진 마늘 1/4티스푼 선택
기름 조금

* 2~3회 먹는 양

요리 순서

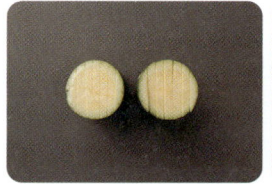

1 애호박은 3등분하여 둥근 면이 위로 향하도록 두고 0.5cm 두께로 자른다.

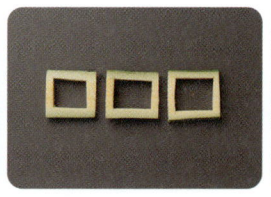

2 가장자리를 조금씩 남겨두고, 네모 모양으로 속을 한 번 더 자른다.

3 양파와 새우를 다진다.

4 키친타월을 깔고 두부를 얹어 칼등으로 으깬 후, 키친타월로 윗면을 꾹 눌러 한 번 더 물기를 닦는다.

5 3, 4, 다진 마늘을 잘 섞는다.

6 애호박 빈 공간에 5를 평평하게 채운다.

7 전분가루를 얇게 묻히고, 달걀물을 만들어 입힌다.

8 기름을 둘러 예열한 팬에 앞뒷면을 노릇하게 굽는다.

 TIP

• 네모로 속을 자를 때는 작은 칼이 편하고, 마지막에 칼을 수직으로 세우면 끄트머리까지 잘 잘려요.

• 네모로 잘라낸 애호박은 다져 두었다가 볶음밥 등 다른 요리에 사용하세요.

• 달걀물에 담고 팬에 얹을 때, 포크를 사용하면 달걀물이 적당히 묻어 깔끔하게 구워져요.

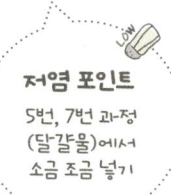

저염 포인트
5번, 7번 과정 (달걀물)에서 소금 조금 넣기

 보관 및 데우는 법

[보관] 다 굽고, 남은 것은 냉장하여 2~3일 내 소진 권장

[데우는 법] 팬에 기름 없이 약불로 데우기

미역 두부전

최고의 영양 궁합, 미역&두부로 만든 전 요리

두부와 미역도 궁합이 좋은 식재료예요. 미역과 두부를 함께 먹으면 칼슘 흡수율이 높아지거든요. 미역의 미끌미끌한 식감을 싫어하는 아기도 이렇게 전으로 바삭하게 구워 주면 잘 먹어줄 거예요.

PART 2 반찬   전/완자 › 미역 두부전

 재료

두부 80g
건미역 2g(불린 후 30g)
양파 20g
새송이버섯 15g
전분가루 1숟가락(10g)
기름 조금

* 2회 먹는 양

요리 순서

1 미역은 찬물에 30분간 불린다.

2 양파와 버섯은 다진다. 불린 미역은 꽉꽉 비벼 씻은 후 물기를 제거하여 다진다.

3 두부는 면포 위에 얹어 칼등으로 으깬 후 물기를 최대한 꽉 짠다.

4 볼에 2와 3, 전분가루를 넣고 반죽하며 뭉쳐준다.

5 둥글게 빚어 최대한 얇게 눌러준다.

6 기름을 둘러 예열한 팬에 앞뒷면을 노릇하게 굽는다.

저염 포인트
4번 과정에서 소금 조금 넣기

 보관 및 데우는 법

보관
다 굽고, 남은 것은 냉장하여 2~3일 내 소진 권장

데우는 법
팬에 기름 없이 약불로 데우기

감자 부추전

가루 없이 바삭하고 쫀득하게 만든 감자 부추전

감자를 갈아서 자체의 전분을 사용하면 가루를 넣지 않고도 바삭하고 쫀득한 감자전을 만들 수 있어요. 부추를 좋아하는 아기는 부추 양을 늘려도 되고, 안 좋아하거나 부추가 없으면 생략하셔도 돼요. 그냥 감자전으로 만들면 돼요.

PART 2 반찬   전/완자 › 감자 부추전

**재료**

감자 1개(90g)
양파 25g
부추 6g
기름 조금

* 1~2회 먹는 양

요리 순서

1 감자와 양파를 강판에 갈고, 자투리는 다진다.

2 그릇 위에 채반을 얹고 감자, 양파 간 것을 얹은 후, 스푼으로 여러 번 눌러 10분간 둔다.

3 부추를 1cm 길이로 자른다.

4 2에서 받쳐 둔 그릇의 물은 버리고, 바닥에 가라앉은 감자 전분만 남겨둔다.

5 감자 전분과 감자, 양파 간 것, 부추를 잘 섞는다.

6 기름을 둘러 예열한 팬에 반죽을 1숟가락씩 얹어 둥글납작하게 펴준다.

7 감자가 투명하게 익으면 뒤집어 노릇하게 굽는다.

저염 포인트
5번 과정에서
소금 조금 넣기

TIP

- 2번 과정에서 너무 꽉꽉 누를 필요는 없어요. 반죽에 수분도 어느 정도 필요해요.
- 한 번 뒤집고 나면 아랫면에 기름이 골고루 묻도록 해 주세요. 필요하면 기름 아주 조금 더 부어요.(감자 전분이 하얗게 남는 것을 방지)

보관 및 데우는 법

[보관]
다 굽고, 남은 것은 냉장하여 2~3일 내 소진 권장

[데우는 법]
팬에 기름 없이 약불로 데우기

영상으로 보기

시금치 배추전

녹황색 채소 시금치를 맛있게 먹는 전 요리

시금치와 알배추, 영양 가득 두 재료로 만든 전이에요. 재료와 요리 순서도 아주 간단!
저처럼 크게 한 판 구워도 되는데, 한 숟가락씩 작게 떠서 만들면 가장자리가 더
맛있어요. 시금치를 안 먹는 아기라면, 한번 도전해 보세요.

PART 2   반찬   전/완자 › 시금치 배추전

 재료

알배추 2장(40g)
시금치 40g(데친 후 20g)
달걀 1개
전분가루 1티스푼(3g)
기름 조금

* 2~3회 먹는 양

요리 순서

1 알배추는 길게 3등분해서 1cm 길이로 자르고, 데친 시금치는 물기를 꼭 짜고 1cm 길이로 자른다.

2 볼에 달걀과 전분가루를 넣고 섞는다.

3 알배추와 시금치도 넣고 잘 섞는다.

4 기름을 둘러 예열한 팬에 반죽을 부어 굽는다.

5 아랫면이 노릇해지면 뒤집고, 뒤집개로 누르며 조금 더 굽는다.

저염 포인트
2번 과정에서 소금 조금 넣기

TIP

- 전분가루는 생략해도 되지만, 뭉쳐지는 힘이 약해서 굽거나 뒤집을 때 부서질 수 있어요. 밀가루나 부침가루로 대체해도 돼요.
- 1숟가락씩 덜어 여러 개로 구우면 더 맛있어요.

 보관 및 데우는 법

보관
다 굽고, 남은 것은 냉장하여 2~3일 내 소진 권장

데우는 법
팬에 기름 없이 약불로 데우기

영상으로 보기

애호박 치즈전

달콤한 애호박채전에 아기 치즈를 넣은 밥도둑

애호박과 양파를 듬뿍 넣은 전 메뉴예요.
단이가 애호박전을 좋아하는 편은 아닌데, 애호박채전에 치즈를 넣어주면 아주 잘
먹더라고요. 부드러운 식감, 달콤한 맛에 치즈가 살짝 눌어붙어 더 맛있어요.

PART 2 반찬　　　　　　　　　　　전/완자 > 애호박 치즈전

재료

애호박 100g(1/3개)
양파 60g
달걀 1개
아기 치즈 1장
전분가루 2숟가락(20g)
갈릭파우더 조금 선택
기름 조금

* 2회 먹는 양

요리 순서

1 양파는 다지고, 애호박은 채 썬다.

2 볼에 달걀을 풀어 잘 섞는다.

3 2에 애호박과 양파, 전분가루와 갈릭파우더를 넣고 뭉친 곳이 없도록 잘 섞는다.

4 아기 치즈는 5x5개로 작게 조각내 반죽에 넣고 섞는다.

5 기름을 둘러 예열한 팬에 반죽을 조금씩 얹어 앞뒷면을 노릇하게 굽는다.

저염 포인트
2번 과정에서 소금 조금 넣기

TIP

- 전분가루는 생략해도 되지만, 뭉쳐지는 힘이 약해서 굽거나 뒤집을 때 부서질 수 있어요. 밀가루나 부침가루로 대체해도 돼요.

보관 및 데우는 법

보관
다 굽고, 남은 것은 냉장하여 2~3일 내 소진 권장

데우는 법
팬에 기름 없이 약불로 데우기

영상으로 보기

감자 파프리카전

테두리는 아삭하고 속은 부드러운 예쁜 전 요리

둥글게 자른 파프리카에 으깬 감자를 채운 요리예요. 감자의 부드러움과 파프리카의 아삭함이 모두 느껴져 식감이 재미있고, 파프리카의 달달한 맛이 풍미를 높여요. 미니 파프리카로 만들면, 한입에 쏙 넣을 수 있어요.

PART 2 반찬   전/완자 > 감자 파프리카전

 재료

감자 40g(작은 것 1/2개)
파프리카 25g
당근 10g
달걀 1개 또는 메추리알 2개
기름 조금

* 1~1.5회 먹는 양

요리 순서

1 감자는 찜기에 쪄서 으깬다.

2 파프리카는 둥글게 0.5cm 두께로 자르고, 당근은 감자칼로 얇게 자른 후 다진다.

3 으깬 감자에 당근을 넣어 섞는다.

4 파프리카에 감자 반죽을 채운다.

5 달걀을 풀어 4에 달걀물을 앞뒤로 묻힌다.

6 기름을 둘러 예열한 팬에 앞뒷면을 노릇하게 굽는다.

 TIP

- 파프리카 속을 채울 때는 빈 면적이 좁은 쪽을 아래에 두고 채워요.
- 익은 감자를 사용하기 때문에 달걀이 노릇하게 익을 정도로만 구우면 돼요.

저염 포인트
3번 과정에서 소금 조금 넣기

 보관 및 데우는 법

보관
다 굽고, 남은 것은 냉장하여 2~3일 내 소진 권장

데우는 법
팬에 기름 없이 약불로 데우기

오꼬노미야끼

일본식 양배추전의 초간단 버전

양배추, 새우, 달걀 조합은 언제나 맛있어요. 일본식 양배추전인 오꼬노미야끼를 집에 있는
재료만으로 간단히 흉내 내 만들었어요. 적당히 아삭한 양배추와 숙주나물의 식감도 좋고,
새우가 무염식의 부족한 맛을 채워줘서 좋아요. 어른은 칠리소스를 곁들이면 맛있어요.

PART 2 　반찬　　　　　　　　　전/완자 > 오꼬노미야끼

요리 순서

재료

양배추 45g
숙주나물 30g(한 줌)
새우 30g
달걀 1개
기름 조금

　* 2회 먹는 양

1 양배추는 길게 채 썰어 3cm 길이로 자르고, 숙주나물도 비슷한 길이로 자른다. 새우는 손질해 다진다.

2 볼에 달걀 1개를 넣고 섞는다.

3 2에 손질한 재료를 모두 넣고 잘 섞는다.

4 기름을 둘러 예열한 팬에 반죽을 부어 굽는다.

5 아랫면이 노릇해지면 뒤집어 조금 더 굽는다.

저염 포인트

3번 과정에서 소금 조금 넣기

TIP

- 숙주나물이 없으면 콩나물로 대체해도 돼요. 머리는 떼고 사용하세요.
- 작게 여러 개로 구워도 돼요.

보관 및 데우는 법

보관
다 굽고, 남은 것은 냉장하여 2~3일 내 소진 권장

데우는 법
팬에 기름 없이 약불로 데우기

우엉 깻잎전

변비에 좋은 우엉과 향긋한 깻잎 조합

씹는 맛이 좋은 우엉은 1~3월이 제철로, 식이섬유가 풍부해 변비에도 좋은 재료예요.
조림으로 많이 해 먹다 보니, 무염으로 반찬을 만든다면 어떻게 만들지
막막할 수 있는데요. 이렇게 전에 활용하는 것도 맛있더라고요.

PART 2 　 반찬　　　　　　　　　　　전/완자 > 우엉 깻잎전

 재료

우엉 50g
양파 30g
달걀 1개
깻잎 3장
전분가루 1티스푼(3g)
기름 조금

* 2~3회 먹는 양

요리 순서

1 우엉은 칼등이나 감자칼로 껍질을 벗겨 채 썬다. 식초 1숟가락을 푼 물에 20분간 담갔다가 헹군 후 끓는 물에 15분 삶는다.

2 우엉, 양파, 깻잎을 다진다.

3 손질한 채소와 달걀, 전분가루를 볼에 넣고 섞는다.

4 기름을 둘러 예열한 팬에 반죽을 1숟가락씩 얹고 둥글게 펴준다.

5 앞뒷면을 노릇하게 굽는다.

저염 포인트
3번 과정에서 소금 조금 넣기

 TIP

- 전분가루는 생략해도 되지만, 뭉쳐지는 힘이 약해서 굽거나 뒤집을 때 부서질 수 있어요. 밀가루나 부침가루로 대체해도 돼요.
- 매운 양파는 다진 후 물에 10~20분간 담갔다가 물기를 빼주세요.
- 구울 때 반죽을 너무 얇게 펴면, 찢어지기도 쉽고 식감도 덜해요.

 보관 및 데우는 법

보관
다 굽고, 남은 것은 냉장하여 2~3일 내 소진 권장

데우는 법
팬에 기름 없이 약불로 데우기

가자미전

채소 듬뿍 달걀물을 입힌 담백한 흰살생선전

가자미를 채소 넣은 달걀물에 넣어, 전으로 만든 메뉴예요. 지방이 적고 단백질 함량이 높은 가자미는 아기들에게 좋은 단백질 공급원이에요. 비리지 않아 향에 예민한 아기도 먹기 좋고요. 채소까지 함께 섭취할 수 있는 전 메뉴로 만들어 보세요.

PART 2 반찬   전/완자 > 가자미전

 재료

순살 가자미 50g
쪽파 8g
당근 8g
달걀 1개
전분가루 1숟가락
기름 조금

* 2회 먹는 양

요리 순서

1 파와 당근은 다진다.

2 가자미는 한입 크기로 자른다.

3 달걀과 파, 당근을 섞는다.

4 가자미에 전분가루를 얇게 묻히고, 3의 달걀물을 입힌다.

5 기름을 둘러 예열한 팬에 앞뒷면을 노릇하게 굽는다.

저염 포인트
2번 과정에서 소금 밑간,
3번 과정에서 소금 조금 넣기

 TIP

- 전분가루는 밀가루나 부침가루로 대체해도 돼요.
- 전분가루가 많이 묻으면 맛이 없으니, 묻히고 나서 탈탈 털어 주세요.
- 팬에 얹은 후 달걀물의 채소를 가자미 위에 좀 더 얹어 주세요.

 보관 및 데우는 법

보관
다 굽고, 남은 것은 냉장하여 2~3일 내 소진 권장

데우는 법
팬에 기름 없이 약불로 데우기

당근 곶감전

당근을 넣고 기름 없이 구운 달콤한 곶감전

명절에 받은 곶감이 냉동실에 있으면, 이 메뉴를 만들어 보세요. 맛 궁합이 좋은 곶감과 당근으로 반죽을 만들고요. 기름 없이 머핀틀을 이용해 얇게 전처럼 만드는 메뉴예요. 곶감 맛과 거의 비슷하지만, 들고 먹기도 편하고, 당근 때문에 식감도 재밌어요.

PART 2 　반찬　　　　　　　　　　　　　　　　　전/완자 > 당근 곶감전

　재료

곶감 1~2개(80g)
당근 45g
쌀가루 1숟가락(10g)
전분가루 1/2숟가락(5g)
채소육수 또는 물 2숟가락

＊ 2회 먹는 양

요리 순서

1 당근은 얇게 채 썰어 2cm 길이로 자른다.

2 곶감은 해동 후 꼭지를 떼어내고 펼쳐 씨를 뺀다.

3 곶감을 썰어 당근과 비슷한 길이로 자른다.

4 당근, 곶감을 넣은 볼에 쌀가루, 전분가루, 채소육수 2숟가락을 넣고 잘 섞어준다.

5 반죽을 6조각으로 나눠 머핀틀에 1조각씩 담아, 꾹꾹 눌러주고 윗면을 평평하게 만든다.

6 160도로 예열한 오븐 또는 에어프라이어에 15분간 굽는다.

7 다 굽고 나면 손끝으로 가장자리를 둘러 가며 누르고, 머핀틀 바닥 쪽을 들어 올려 분리한다.

　TIP

• 곶감은 많이 먹으면 변비가 생길 수 있으니, 두 돌 전 아기는 2회에 나누어 먹이길 권장해요.
• 아랫면은 촉촉한 편인데, 뒤집어 살짝 더 구워도 돼요.

　보관 및 데우는 법

보관
다 굽고, 남은 것은 냉동하여 2주 내 소진 권장

데우는 법
160도로 예열한 오븐 또는 에어프라이어에 5분 데우기

저염 포인트
4번 과정에서 소금 조금 넣기

영상으로 보기

감자랑땡

반찬, 간식으로 좋은 감자로 만든 동그랑땡

고기 없이 감자와 채소로 동그랑땡처럼 만든 메뉴예요. 감자를 쪄서 사용하기 때문에 부드럽고, 볶으면 달달해지는 채소 3총사 양파, 당근, 애호박을 넣어 많이 심심하지 않아요. 속 재료를 익혀 사용하기 때문에 오래 구울 필요도 없어요.

PART 2 　반찬　　　　　　　　　　　전/완자 > 감자랑땡

 재료

감자 90g(작은 것 1개)
양파 50g
당근 30g
애호박 30g
쌀가루 1숟가락(10g)
채소육수 또는 물 조금
기름 조금

＊ 2회 먹는 양

 TIP

- 쌀가루는 전분가루, 밀가루, 부침가루로 대체해도 돼요. 전분가루를 사용하면, 좀 더 쫀득한 느낌이 날 수 있어요.
- 채소를 볶을 때 기름으로 볶아도 돼요.
- 채소육수나 물로 볶을 경우, 팬에 물기가 없을 때까지 볶아야 해요. 충분히 볶았는데 물기가 있으면 센 불로 좀 더 볶아 물기를 없애 주세요. 반대로 더 익혀야 하는데 물기가 없으면, 채소육수를 더 넣어주세요.

 보관 및 데우는 법

보관
다 굽고, 남은 것은 냉장하여 2~3일, 냉동하여 2주 내 소진 권장

데우는 법
냉장 해동 후 팬에 약불로 데우기

요리 순서

1 감자는 찜기에 쪄서 으깬다.

2 양파와 당근, 애호박을 다진다.

3 양파, 당근을 채소육수에 달달해질 때까지 약불~중약불로 볶는다.

4 다 익으면 애호박을 넣고 익을 때까지 볶는다.

5 1과 쌀가루, 볶은 채소를 넣어 잘 섞는다.

6 장갑에 기름을 살짝 묻히고, 반죽을 조금씩 덜어 꾹꾹 눌러 뭉친 후 동그랑땡 모양으로 빚는다.

7 기름을 둘러 예열한 팬에 앞뒷면을 노릇하게 굽는다.

저염 포인트
5번 과정에서 소금 조금 넣기

두부새우랑땡

고기 대신 새우와 두부로 단백질을 채운 동그랑땡 메뉴

두부를 넣어 고소한 동그랑땡이에요. 새우와 두부로 단백질을 채우고, 채소도 잊지 않고 듬뿍 넣었어요. 간을 좀 하거나 케첩, 칠리소스 등을 곁들여 어른이 같이 드셔도 좋아요.

PART 2   반찬   전/완자 > 두부새우랑땡

요리 순서

1 양파와 당근, 애호박을 다진다.

2 새우는 손질해서 다진다.

3 키친타월을 깔고 두부를 칼등으로 으깨, 물기를 닦는다.

4 볼에 두부와 새우, 다진 채소, 전분가루, 달걀 노른자를 넣는다.

5 잘 섞은 후 장갑에 기름을 살짝 묻히고, 1숟가락씩 덜어 동글납작하게 빚는다.

6 기름을 둘러 예열한 팬에 얹어 앞뒷면을 노릇하게 굽는다.

저염 포인트
4번 과정에서 소금 조금 넣기

 **재료**

두부 80g
새우 70g(손질 후)
당근 20g
양파 25g
애호박 25g
달걀 노른자 1개
전분가루 1숟가락(10g)
기름 조금

* 2~3회 먹는 양

 TIP

- 전분가루는 생략해도 되지만, 뭉쳐지는 힘이 약해서 굽거나 뒤집을 때 부서질 수 있어요. 밀가루나 부침가루로 대체해도 돼요.
- 매운 양파는 다진 후 물에 10~20분간 담갔다가 물기를 빼거나, 달달해질 때까지 볶아서 넣어주세요. (이때는 하는 김에 다른 채소도 같이 볶으세요.)
- 두 배 계량 시 달걀 1개를 다 쓰면 돼요.

 **보관 및 데우는 법**

보관
다 굽고, 남은 것은 냉장하여 2~3일, 냉동하여 2주 내 소진 권장

데우는 법
냉장 해동 후 팬에 약불로 데우기

영상으로 보기

PART 3

간단 특식과 국물 요리

새롭고 특별한 간식 메뉴 모음

간단 특식

오믈렛부터 채소로 만든 떡볶이까지

감자와 고구마를 활용해 든든하게 만든 간식 메뉴가 많아요.
다양한 방식으로 조리해 먹는 재미를 더해요.

266 애호박 감자 오믈렛

268 감자 그라탱

270 고구마 브로콜리 그라탱

272 감자타코

274 고구마 떡볶이

276 파프리카장 떡볶이

278 당근 단호박 떡볶이

280 토마토떡국

282 브로콜리 고구마 치즈호떡

284 코티지파이

286 시금치 바나나 팬케이크

288 양파링 감자크로켓

쌀가루는 밀가루로 대체할 수 있어요.

애호박 감자오믈렛

아침에 먹어도 부담 없는 채소 오믈렛

아침에 간단히 만들어 주기 좋은 오믈렛 메뉴예요. 밥이 내키지 않을 때 만들어 주면 싹싹 비워내요. 애호박이 없으면 감자만 사용해도 되고, 치즈를 싫어하는 아기면 생략해도 돼요. 레시피를 응용하여 우리 아기가 좋아할 만한 오믈렛을 만들어 보셔도 돼요.

PART 3 간단 특식과 국물 요리 간단 특식 > 애호박 감자오믈렛

요리 순서

재료

달걀 1개
감자 1/2개
애호박 1/5개
아기 치즈 1/2~1장
우유 1숟가락 선택
기름 조금

* 1회 먹는 양

1 감자는 0.2cm 두께로 썰고, 애호박도 비슷한 두께로 자른다.

2 볼에 달걀과 우유 1숟가락을 넣어 섞는다.

3 기름을 둘러 예열한 팬에 감자와 애호박을 굽다가, 애호박이 다 익으면 애호박만 접시에 덜어둔다.

4 감자가 다 익으면 한 줄로 겹쳐 놓고 팬에 기름을 조금 추가한 후, 감자를 중앙에 둔 채로 양옆에 달걀물을 붓는다.

5 불을 최대한 낮추거나 끈 상태로, 감자 위에 반으로 자른 치즈를 얹는다.

6 5 위에 애호박을 얹는다.

7 달걀 윗면이 다 익기 전에 달걀로 애호박 위를 덮어준다.

8 달걀이 다 익도록 조금 더 굽는다.

TIP

- 달걀물에 우유를 넣으면 좀 더 부드러운데, 생략해도 문제없어요.
- 애호박을 굽고 팬에 그을음이 생겼다면 키친타월로 닦아 주세요.
- 달걀 위에 치즈를 얹을 때 끄트머리 1cm는 띄워 주세요. 치즈가 샐 수 있어요.

저염 포인트

2번 과정에서 소금 조금 넣기

영상으로 보기

감자그라탱

담백하고 든든한 노오븐 그라탱

밥이 부담스러운 아침엔 가벼운 감자 요리로 탄수화물 섭취를 대신해도 좋아요.
감자를 우유에 조리듯이 익혀 고소하고 부드러워요.
치즈를 곁들이면 심심한 맛에 감칠맛이 더해져요.

PART 3 간단 특식과 국물 요리   간단 특식 > 감자그라탱

 **재료**

감자 90g(1개)
양파 50g
느타리버섯 50g
우유 100ml
아기 치즈 1/2~1장
기름 조금

* 1회 먹는 양

 TIP

- 새송이, 양송이 등 다른 버섯을 사용해도 돼요.
- 더 부드럽게 만들고 싶으면 쪄서 으깬 감자를 사용해도 돼요.
- 양파와 버섯을 물 또는 채소육수로 볶아도 돼요.
- 감자가 익기 전 우유가 다 졸아들면 우유를 더 부어 주세요.
- 감자를 익히는 동안 채소를 볶으면 더 빨리 완성할 수 있어요.
- 치즈는 뜨거울 때 얹으면 잔열에 녹아요. 완전히 섞어서 주려면 마지막에 넣어 약불로 섞어 주세요.

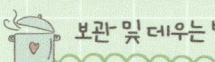 **보관 및 데우는 법**

보관
바로 먹이지 않을 경우 냉장

데우는 법
우유를 조금 추가해 냄비에 약불로 데우기

요리 순서

1 감자는 한입 크기로 자른다. 양파는 채 썰어 반 자르고, 버섯도 먹기 좋게 찢어 반 자른다.

2 양파와 버섯을 기름 조금 두른 팬에 노릇해질 때까지 볶아서 덜어둔다.

3 냄비에 감자를 담고 우유를 거의 잠길 정도로 붓는다.

4 강불에 끓어오르면 중약불, 약불로 줄이며 익을 때까지 볶는다.

5 우유가 다 졸아들면 볶은 양파와 버섯, 남은 우유를 넣고 한 번 더 볶는다.

6 우유가 거의 졸아들었으면 접시에 담아 치즈를 얹는다.

저염 포인트
4번 과정에서 소금 조금 넣기

영상으로 보기

고구마 브로콜리 그라탱

브로콜리 듬뿍! 부드럽고 달콤한 한 그릇 요리

아침이나 간식으로 종종 만들어주는 메뉴예요.
쪄서 으깬 고구마에 브로콜리와 당근을 다져 넣어, 탄수화물과 채소를 골고루 섭취할 수 있어요. 식감이 아주 부드러워서 이앓이하는 아기들도 먹기 좋아요.

PART 3 　간단 특식과 국물 요리　　　간단 특식 > 고구마 브로콜리 그라탱

요리 순서

 **재료**

고구마 90g
브로콜리 30g
당근 25g
양파 30g
우유 60ml
채소육수 또는 물 조금
아기 치즈 1/2~1장 선택

＊ 1회 먹는 양

1 고구마는 찜기에 쪄서 포크나 매셔로 으깬다.

2 당근과 양파는 다지고, 브로콜리는 데치거나 쪄서 작게 자른다.

3 양파, 당근을 담은 냄비에 채소육수를 1~2숟가락 붓고 노릇하게 익을 때까지 볶는다.

4 우유를 붓고 끓어오르면 고구마를 넣어 잘 섞는다.

5 브로콜리를 넣고 한 번 더 볶는다.

6 접시에 담고 치즈를 얹어 전자레인지에 20~30초간 돌린다.
생략 가능

 TIP

- 채소를 기름에 볶아도 돼요.
- 추천 추가 재료 :
  버섯, 닭고기, 오트밀
  + 버섯은 양파가 투명하게 익었을 때 넣어서 같이 볶기
  + 닭고기는 작게 썰어 제일 처음에 볶다가 채소 추가하기
  + 오트밀은 우유 넣고 바로 넣기

저염 포인트
4번 과정에서 소금 조금 넣기

 보관 및 데우는 법

보관
냉장하여 2~3일, 냉동하여 2주 내 소진 권장

데우는 법
우유를 조금 추가해 냄비에 약불로 데우기 또는 전자레인지 1분
※ 냉동 시 자연/냉장 해동 후 데워 주세요.

영상으로 보기

감자타코

토르티야 없이 구운 감자로 만든 타코

타코는 원래 토르티야에 고기나 채소를 싸 먹는 메뉴인데요. 감자를 얇게 채 썰어 구운 후 토르티야처럼 사용해 봤어요. 속 재료가 잘 흘러내리지 않게 달걀(메추리알)과 치즈를 활용하고요. 간식으로 주기 좋아요.

PART 3 간단 특식과 국물 요리   간단 특식 > 감자타코

재료

감자 70g(1개)
소고기 다짐육 30g
파프리카 30g
메추리알 3개 또는 달걀 1개
아기 치즈 1/2~1장
기름 조금

* 1회 먹는 양

TIP

- 달걀 알레르기가 있는 아기는 달걀을 생략하는 대신, 소고기 파프리카 볶음에 자른 치즈를 넉넉히 넣고 섞어 감자 위에 얹어 주세요.
- 소고기 파프리카 볶음을 너무 많이 얹으면 굽거나 먹을 때 흘러나오기 쉬워요.

요리 순서

1 감자는 최대한 얇게 썰고, 파프리카는 다진다.

2 소고기는 키친타월에 핏물을 닦고, 기름 없이 팬에 볶는다.

3 소고기 핏기가 가시면, 파프리카를 넣어 중약불로 볶는다.

4 기름을 둘러 예열한 팬에 감자를 앞뒷면이 노릇해지도록 굽고 모아 둥근 모양으로 만든다.

5 감자 위에 메추리알 1개를 얹고, 노른자를 깨뜨려 골고루 펴준다.
(달걀 사용 시 그릇에 풀어서 숟가락으로 얹는다.)

6 메추리알이 익기 전에 3을 절반 부분에만 얹는다.

7 치즈를 작게 잘라 얹는다.

8 반 접어 뒤집개로 여러 번 누르며, 메추리알이 완전히 익고 치즈가 녹을 때까지 굽는다.

저염 포인트
소고기에 미리
아기 간장 1/2~1티스푼
버무리기

영상으로 보기

고구마 떡볶이

달콤한 고구마를 넣어 만든 크림떡볶이

단이가 가장 좋아하는 떡볶이예요. 고구마를 우유와 갈아서 치즈까지 곁들이면, 고구마라떼 맛이 나는 맛있는 떡볶이가 완성돼요. 양파, 버섯, 당근까지 채소도 잊지 않고 넣었어요. 밥을 통 안 먹으려고 한다면, 이 메뉴를 활용해 떡과 고구마로 탄수화물을 보충해 줘보세요.

PART 3 간단 특식과 국물 요리   간단 특식 > 고구마 떡볶이

재료

고구마 70g(1/2개)
당근 20g
양파 40g
미니 새송이버섯 40g
우유 100ml
조랭이떡 70g
아기 치즈 1/2장 선택
기름 조금

* 1회 먹는 양

TIP

- 기름 대신 채소육수 또는 물로 채소를 볶아도 돼요.
- 떡 양은 평소 먹는 양에 따라 조절하세요.
- 조랭이떡 대신 떡볶이떡이나 떡국떡을 사용해도 돼요.
- 버섯은 새송이, 느타리 등 다른 버섯으로 대체해도 돼요.
- 조리하다가 너무 꾸덕하면 우유를 조금 추가하세요.

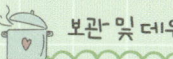 보관 및 데우는 법

보관
떡을 넣기 전 소스만 보관할 경우, 냉장하여 2일 내 소진 권장

데우는 법
우유를 조금 추가해 냄비에 약불로 데우기

요리 순서

1 고구마는 찜기에 찐다.

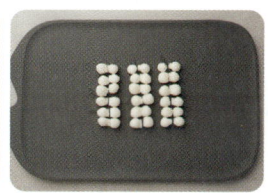

2 떡은 찬물에 20분간 불렸다가 물에 헹궈, 먹기 좋게 썬다.

3 양파는 채 썰어 반 자르고, 당근도 채 썰어 비슷한 길이로 자른다. 버섯은 먹기 좋게 썬다.

4 찐 고구마와 우유를 핸드블렌더나 믹서로 갈아준다.

5 기름을 둘러 예열한 팬에 양파를 넣고 볶는다.

6 양파가 투명해지면, 당근과 버섯을 넣어 볶는다.

7 채소가 다 익으면, 소스를 붓고 센 불로 높인다.

8 끓어오르면 떡을 넣고 익을 때까지 볶는다.

9 다 익으면 치즈를 넣고 섞는다.

저염 포인트
7번 과정에서 소금 조금 넣기

영상으로 보기

파프리카장 떡볶이

파프리카장으로 색을 낸 안 매운 떡볶이

파프리카장을 활용한 빨간 떡볶이예요. 어른 떡볶이와 색은 크게 다르지 않지만, 맛은 맵지 않고 달콤해 아기도 맛있게 먹을 수 있어요. 단백질, 탄수화물, 채소까지 골고루 넣어 간식은 물론 한 끼 식사로도 부족함이 없어요.

PART 3 간단 특식과 국물 요리 간단 특식 > 파프리카장 떡볶이

재료

파프리카장 40g
(큐브 2개) 340쪽 참고
떡볶이떡 100g(12개)
소고기 다짐육 35g
양파 25g
느타리버섯 30g
양배추 15g
쪽파 또는 대파 8g
채소육수 또는 물 100ml
기름 조금

* 1회 먹는 양

TIP

- 조랭이떡이나 떡국떡을 사용해도 돼요.
- 버섯은 새송이, 표고버섯도 괜찮아요.(표고는 20g만 사용)
- 떡이 다 익기 전 국물이 다 졸아들면, 육수나 물을 조금 추가하세요.

요리 순서

1 쪽파는 송송 썰고, 양파는 채 썰어 반 자른다. 버섯은 먹기 좋게 찢어 반 자르고, 양배추도 채 썰어 3cm 길이로 자른다.

2 기름을 둘러 예열한 팬에 쪽파와 양파를 볶는다.

3 키친타월로 핏물 닦은 소고기를 넣고 볶는다.

4 소고기 핏기가 가시면 양배추와 버섯을 넣고 중불에 볶는다.

5 채소육수, 파프리카장, 반으로 자른 떡을 넣고 섞은 후 끓을 때까지 센 불에 두었다가, 중약불로 줄여 떡이 익을 때까지 저어준다.

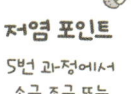

저염 포인트
5번 과정에서 소금 조금 또는 아기 간장 1티스푼 넣기

당근 단호박 떡볶이

비타민 가득 두 재료로 만든 노랑 떡볶이

단호박과 당근은 둘 다 비타민A가 풍부하게 들어 있는 재료예요.
색도 예쁘고 영양도 좋지만, 둘을 함께 사용하면 달콤한 맛도 배가 돼요.
당근을 싫어하는 아이도 맛있게 먹을 수 있어요.

PART 3 간단 특식과 국물 요리   간단 특식 › 당근 단호박 떡볶이

재료

단호박 60g
당근 30g
양파 35g
미니 새송이버섯 35g
우유 90ml
조랭이떡 75g
기름 조금

*1회 먹는 양

TIP

- 조랭이떡 대신 떡볶이떡이나 떡국떡을 사용해도 돼요.
- 버섯은 새송이, 느타리 등 다른 버섯으로 대체해도 돼요.
- 조리하다가 너무 꾸덕하면 우유를 조금 추가하세요.
- 기호에 따라 아기 치즈를 추가해도 돼요.

보관 및 데우는 법

보관
떡을 넣기 전 소스만 보관할 경우, 냉장하여 2일 내 소진 권장

데우는 법
우유를 조금 추가해 냄비에 약불로 데우기

요리 순서

1 양파는 채 썰어 반 자르고, 버섯도 먹기 좋게 둥글게 채 썬다. 단호박과 당근은 얇게 채 썬다.

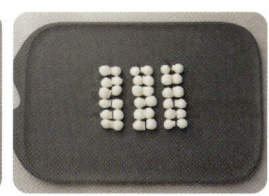
2 떡은 20분간 불렸다가 물에 헹궈 먹기 좋게 썬다.

3 전자레인지 찜기에 당근, 단호박 순으로 담아 물을 조금 붓고 전자레인지에 2분간 돌린다.

4 3에서 물은 따라내고 단호박과 당근만 덜어 우유와 갈아준다.

5 기름을 둘러 예열한 팬에 양파를 볶다가, 투명해지면 버섯을 넣어 볶는다.

6 버섯이 다 익으면, 4를 붓는다.

7 끓어오르면 떡을 넣고 익을 때까지 볶는다.

저염 포인트
7번 과정에서 소금 조금 넣기

영상으로 보기

토마토떡국

토마토의 감칠맛이 담긴 새콤달콤한 떡국

토마토와 떡국은 꽤 낯선 조합이죠? 무염으로 떡국 맛을 내기는 쉽지 않은데요.
채소육수에 토마토를 조리듯 만들면 간을 하지 않아도 맛있어요.
새콤달콤한 국물과 달달한 채소가 잘 어울려요.

PART 3   간단 특식과 국물 요리   간단 특식 > 토마토떡국

요리 순서

재료

방울토마토 10개(100g)
양파 30g
애호박 30g
채소육수 또는 물 200ml
떡국떡 100g
다진 마늘 1/4티스푼 선택
기름 조금

*1회 먹는 양

1 방울토마토는 십자(+)로 칼집을 내고 데쳐서 껍질을 벗긴다.

2 양파는 채 썰어 반 자르고, 애호박도 한입 크기로 자른다.

3 기름을 둘러 예열한 팬에 다진 마늘을 1분간 볶다가 양파를 넣고 볶는다.

4 양파가 반쯤 투명해지면, 애호박을 넣고 2분 더 볶는다.

5 방울토마토를 넣고 가볍게 섞는다. 섞는 중 절반 정도는 조리 스푼으로 반씩 잘라준다.

6 채소육수를 붓고 5분 정도 약불에 저어준다.

7 떡을 넣고 익을 때까지 저어주며 끓인다.

저염 포인트
6번 과정에서 소금 조금 넣기

TIP

- 토마토는 끓는 물에 데쳐도 되고, 끓인 물을 부어 5분간 둬도 돼요. 저는 전기포트를 사용했어요.
- 떡이 다 익기 전에 국물이 다 졸아들면, 육수나 물을 조금 추가하세요.

보관 및 데우는 법

보관
떡 넣기 전 국물만 보관할 경우, 냉장하여 2일 내 소진 권장

데우는 법
채소육수 또는 물을 조금 추가해 냄비에 약불로 데우기

영상으로 보기

브로콜리 고구마 치즈호떡

아기 치즈로 속을 채운 건강한 호떡 메뉴

설탕 대신 아기 치즈로 속을 채운 호떡 메뉴예요. 반죽은 고구마와 브로콜리로 만들어, 밀가루보다 몸에도 좋고 영양도 풍부해요. 모차렐라 치즈를 넣어 어른 것까지 함께 만들어도 돼요. 찹쌀가루를 넣으면 더 쫀득한 호떡 느낌이 돼요.

PART 3   간단 특식과 국물 요리   간단 특식 › 브로콜리 고구마 치즈호떡

요리 순서

1 고구마는 찜기에 찌거나 전자레인지로 익혀서 으깬다.

2 브로콜리는 데치거나 쪄서 다진다.

3 고구마와 브로콜리를 섞는다.

4 3에 전분가루 1숟가락을 넣어 반죽한다.

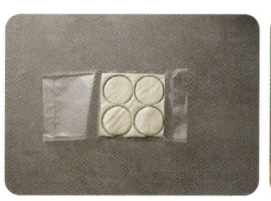
5 소주잔으로 둥근 치즈 4장을 만든다.

6 장갑에 기름을 묻혀 반죽을 네 덩이로 나누고, 둥글납작하게 펴서 치즈를 얹고 감싼다.

7 기름을 둘러 예열한 팬에 노릇하게 굽는다.

저염 포인트
3번 과정에서 소금 조금 넣기

 재료

고구마 120g(1개)
브로콜리 25g
전분가루 1숟가락(10g)
아기 치즈 1장
기름 조금

* 1~2회 먹는 양

TIP

- 전분가루는 쌀가루, 찹쌀가루, 밀가루로 대체해도 돼요.
- 고구마를 너무 푹 익히면 반죽이 질퍽해져 모양 잡기 힘들어요. 수분이 많은 꿀/호박고구마는 얇게 자르고 물을 조금 부어 전자레인지로 3분 정도 익히세요.
- 6번 과정에서 남은 자투리 치즈를 같이 넣어도 돼요.
- 기름 없이 구우려면 반죽 위에 달걀물을 바르고, 150도로 예열한 오븐 또는 에어프라이어에 20분간 구워요.

 보관 및 데우는 법

보관
다 굽고, 남은 것은 냉장하여 2~3일 내 소진 권장

데우는 법
팬에 기름 없이 약불로 데우기

영상으로 보기

코티지파이

영양소를 골고루 갖춘 간단 미트파이

다진 고기에 으깬 감자를 얹어 구운 영국식 미트파이예요. 함박 반죽을 남겨두었다가
만들면 더 간단하고 맛있는데, 소고기와 채소를 볶아서 만들어도 돼요.
어른도 함께 드셔 보세요. 부드러운 감자와 고기 반죽이 잘 어우러져요.

PART 3　간단 특식과 국물 요리　　　　간단 특식 > 코티지파이

감자 50g
함박 반죽 100g 318쪽 참고
우유 1숟가락

* 2회 먹는 양
(머핀틀 중 사이즈 2개)

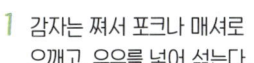

1 감자는 쪄서 포크나 매셔로 으깨고, 우유를 넣어 섞는다.
2 기름 없이 예열한 팬에 함박 반죽을 볶는다.
3 머핀틀에 2를 꾹꾹 눌러 담는다.

4 그 위에 감자 반죽을 평평하게 얹는다.
5 포크로 모양을 내고, 170도로 예열한 오븐 또는 에어프라이어에 10분간 굽는다.

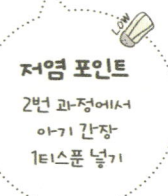

저염 포인트
2번 과정에서
아기 간장
1티스푼 넣기

TIP

- 함박 반죽이 없다면 소고기와 다진 채소를 볶아서 사용하세요.(소고기 다짐육 40g, 당근 10g, 양파 15g, 양송이버섯 1개 – 채소는 있는 것으로 대체하여 사용해도 돼요.)

- 얼렸다 해동한 함박 반죽을 사용한 경우, 코티지파이는 냉동 보관을 권장하지 않아요.

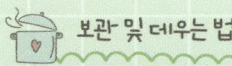

보관
다 굽고, 남은 것은 냉장하여 2~3일, 냉동하여 2주 내 소진 권장

데우는 법
전자레인지 30초~1분

시금치 바나나 팬케이크

녹황색 채소로 더 건강하게 만든 폭신한 팬케이크

밀가루 없이 시금치, 바나나, 달걀, 쌀가루를 사용해 만든 메뉴예요. 데쳐서 냉동해 둔 시금치를 사용하면 정말 금방 만들어요. 재료들을 블렌더로 갈면 거품이 많이 생기는데, 반죽이 몽글몽글해져 굽고 난 후에도 폭신폭신한 식감이에요.

PART 3 간단 특식과 국물 요리 　　간단 특식 > 시금치 바나나 팬케이크

 **재료**

바나나 60g
시금치 28g(데친 후 20g)
쌀가루 2숟가락(20g)
달걀 1개
기름 또는 무염 버터 조금

* 1~2회 먹는 양

요리 순서

1 시금치는 데쳐서 찬물에 헹군 후 물기를 꼭 짠다.

2 바나나와 시금치, 달걀을 핸드블렌더나 믹서로 거품이 많이 생길 때까지 갈아준다.

3 쌀가루를 넣고 섞는다.

4 기름을 둘러 예열한 팬에 반죽을 1 숟가락씩 얹는다.

5 앞뒷면을 노릇하게 굽는다.
(얇게 펴거나 뒤집개로 누르지 않기)

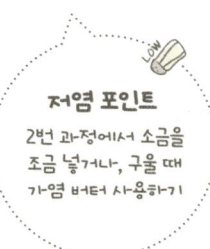

저염 포인트
2번 과정에서 소금을 조금 넣거나, 구울 때 가염 버터 사용하기

 **TIP**

- 바나나는 아주 작은 바나나 1개 정도 되는 양이에요.
- 달걀 거품 때문에 폭신한 느낌의 빵인데, 얇게 펴면 폭신한 느낌이 안 들어요.
- 아몬드가루 1숟가락 넣으면 더 맛있어요.
- 쌀가루는 아몬드가루나 밀가루로 대체해도 돼요.

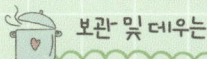 **보관 및 데우는 법**

보관
다 굽고, 남은 것은 냉장하여 2~3일 내 소진 권장

데우는 법
팬에 기름 없이 약불로 데우기

영상으로 보기

양파링 감자크로켓

달콤한 양파 테두리 속에 감자 치즈 반죽이 가득

양파를 링 모양으로 잘라, 감자 치즈 반죽을 채워 구운 요리예요. 전분가루, 달걀, 아몬드가루 순으로 옷을 입혀 오븐에 굽는데 양파는 달콤하고, 아몬드가루는 고소해서 아기가 잘 먹어요. 밀가루, 달걀, 빵가루를 입혀 기름에 튀기면 더 맛있어요.

PART 3 　간단 특식과 국물 요리　　　　간단 특식 ▶ 양파링 감자크로켓

재료

감자 140g(작은 것 2개)
양파 1/3개
아기 치즈 1장
전분가루 2순가락
아몬드가루 4순가락
달걀 1개

∗ 3회 먹는 양

요리 순서

1 감자는 찜기에 쪄서 으깬다.

2 감자에 치즈를 넣어 잘 섞고, 냉장고에 1~2시간 둔다.

3 양파는 1~1.3cm 간격으로 썰어, 링 모양으로 분리한다.

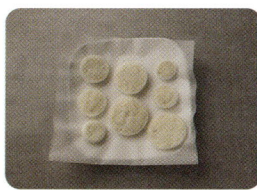
4 감자 치즈 반죽으로 양파 속을 평평하게 채운다.

5 전분가루, 달걀물, 아몬드가루 순으로 입힌다.

6 160도로 예열한 오븐 또는 에어프라이어에 20분간 굽는다.

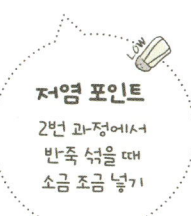
저염 포인트
2번 과정에서 반죽 섞을 때 소금 조금 넣기

TIP

• 전분가루는 밀가루로 대체해도 돼요.
• 작은 링으로 만든 게 먹기도 편하고 맛있어요.
　+ 큰 링으로 만든 크로켓은 굽고 나면, 살짝 들떠서 옆 부분이 분리되기도 해요.
• 종이호일보다 기름 바른 트레이 사용을 권장해요.

보관 및 데우는 법

[보관]
냉장하여 2~3일, 냉동하여 2주 내 소진 권장

[데우는 법]
냉장 해동 후 160도로 예열한 오븐 또는 에어프라이어에 5~10분 데우기

영상으로 보기

영양소 골고루 갖춘 따뜻한 한 그릇

수프/퓌레/국

영양 가득 부드러운 국물 요리

여러 가지 채소를 활용한 수프와
국물보다 건더기를 듬뿍 넣은 국요리까지
다양하게 준비했어요.

292 애호박수프
294 당근 감자수프
296 토마토 채소수프
298 고구마 밤수프
300 밤 치킨수프
302 단호박 당근 퓌레
304 순두부 버섯 들깨탕
306 소고기뭇국
308 소고기 미역국
310 김국
312 채소 누룽지

레시피에 따라 채소육수/물, 우유를 활용하여
원하는 농도를 맞춰 주세요.

애호박수프

애호박 듬뿍 넣은 달콤한 수프 메뉴

비타민이 풍부한 애호박은 수프로 만들어도 달콤하고 맛있어요. 채소육수를 넣어 더 담백하고, 감자를 넣어 부드러워요. 미리 만들어 두었다가 간단한 아침으로 줘도 좋고 간식으로 줘도 좋아요.

PART 3   간단 특식과 국물 요리   수프/퓌레/국 > 애호박수프

요리 순서

 **재료**

애호박 85g
감자 50g
양파 35g
채소육수 또는 물 85ml
우유 120ml
무염 버터 5g 또는 기름 조금
다진 마늘 1/4티스푼 선택

* 1회 먹는 양

1 양파는 채 썰고, 감자와 애호박은 얇게 자른다.
2 버터를 녹인 냄비에 양파와 다진 마늘을 넣어 볶는다.
3 양파가 투명해지면 감자와 애호박을 넣고 2분간 볶는다.

4 채소육수를 붓고 중약불로 높여 감자가 익을 때까지 볶는다.
5 우유를 붓고 끓어오르면 핸드블렌더나 믹서로 갈아준다.
6 중약불에서 저어가며 원하는 농도가 될 때까지 조금 더 끓인다.

저염 포인트
5번 과정에서 우유 붓고 소금 조금 넣기

 TIP

- 조리 시간을 줄이려면 감자를 전자레인지로 익혀서 사용하세요.(전자레인지 찜기에 넣고 물 조금 부어 2~3분)

 보관 및 데우는 법

보관
냉장하여 2~3일, 냉동하여 2주 내 소진 권장

데우는 법
냄비에 약불로 끓이거나 전자레인지 1분
※ 냉동 시 냉장 해동 후 데워 주세요.

영상으로 보기

당근 감자수프

생크림, 치즈 없이 우유로 만든 부드러운 수프 메뉴

아침에 먹어도 부담 없는 감자수프예요.
당근, 버섯, 양파까지 골고루 넣어서 채소도 다양하게 섭취할 수 있어요.
감자를 전자레인지로 익혀서 조리 시간을 줄였어요. 한 번에 넉넉하게 만들어 냉동해도 돼요.

PART 3   간단 특식과 국물 요리   수프/퓌레/국 › 당근 감자수프

요리 순서

재료

감자 100g
당근 30g
느타리버섯 30g
양파 30g
우유 150ml
무염 버터 5g 또는 기름 조금

* 1~2회 먹는 양

1 감자와 당근은 얇게 자르고, 느타리버섯도 작게 자른다. 양파는 채 썬다.

2 전자레인지 찜기에 당근, 감자 순으로 담고, 물을 조금 부어 전자레인지에 3분간 돌린 후 물은 따라낸다.

3 버터를 녹인 냄비에 양파를 넣어 볶는다.

4 다 익으면 버섯을 넣고 익을 때까지 볶는다.

5 감자와 당근을 넣고 1분간 볶다가, 우유를 붓는다.

6 우유가 끓어오르면 핸드블렌더나 믹서로 갈아준다.

7 중약불에서 저어가며 3분 더 끓인다.

저염 포인트
5번 과정에서 우유를 붓고 소금 조금 넣기

TIP

• 감자, 당근을 전자레인지로 익히는 대신 찜기에 쪄서 사용해도 돼요.

보관 및 데우는 법

보관
냉장하여 2~3일, 냉동하여 2주 내 소진 권장

데우는 법
우유를 조금 추가해 냄비에 약불로 끓이거나 전자레인지 1분
* 냉동 시 냉장 해동 후 데워 주세요.

영상으로 보기

토마토 채소수프

감기 기운 있을 때 좋은 비타민 듬뿍 채소수프

단이가 감기 기운 있을 때 종종 만들어 주는 토마토수프예요. 토마토에는 비타민과
라이코펜, 베타카로틴이 풍부해서 감기 예방과 면역력을 높이는 데 좋거든요.
새콤한 맛이 입맛을 돋워주고, 고구마로 탄수화물까지 든든하게 채워줘요.

PART 3 간단 특식과 국물 요리   수프/퓌레/국 > 토마토 채소수프

요리 순서

 **재료**

- **방울토마토** 12개
- **양파** 35g
- **새송이버섯** 30g
- **애호박** 35g
- **채소육수 또는 물** 300ml
- **고구마** 50g 선택
- **다진 마늘** 1/4티스푼 선택
- **기름** 조금

* 1회 먹는 양

 TIP

- 고구마는 없으면 생략하되, 육수를 50ml 줄여서 넣어 주세요.
- 토마토를 데칠 때는 끓는 물에 데쳐도 되고, 끓인 물을 부어 5분간 둬도 돼요. 저는 전기포트를 사용했어요.
- 끓이다가 너무 졸아들면 육수나 물을 조금 추가하면 돼요.
- 토마토의 새콤한 맛을 안 좋아한다면 배즙이나 사과즙 같은 단맛을 추가해 주세요. 덜 새콤하게 느껴져요.

 보관 및 데우는 법

보관
냉장하여 2~3일 내 소진 권장

데우는 법
채소육수 또는 물을 조금 추가해 냄비에 약불로 끓이기

1 방울토마토는 십자(+)로 칼집을 내고 데쳐서 껍질을 벗긴다.

2 양파, 애호박, 버섯, 고구마는 얇게 썰어 한입 크기로 자른다.

3 기름을 둘러 예열한 팬에 다진 마늘을 1분간 볶다가, 양파를 넣고 볶는다.

4 양파가 반쯤 투명해지면, 나머지 채소를 모두 넣고 고구마가 노르스름해질 때까지 볶는다.

5 방울토마토를 넣고 가볍게 섞는다. 섞는 중 절반 정도는 조리 스푼으로 반씩 잘라준다.

6 채소육수를 붓고 5분 정도 중약불, 약불에 졸이듯 저어준다.

 **저염 포인트**
6번 과정에서 소금 조금 넣기

고구마 밤 수프

가을 제철 재료로 만든 달콤한 수프

가을에는 영양가가 풍부한 두 가지 제철 재료, 밤과 고구마로 수프를 만들어 보세요.
입맛을 돋워주는 달콤한 맛으로 아기뿐만 아니라 어른도 같이 먹기 좋아요. 기호에 따라
곱게 갈아도 되지만, 알갱이가 씹힐 정도로만 갈면 더 맛있어요.

PART 3 간단 특식과 국물 요리 수프/퓌레/국 > 고구마 밤수프

 **재료**

고구마 60g
밤 40g
양파 30g
우유 150ml
다진 마늘 1/4티스푼 선택
물 3숟가락
기름 또는 무염버터 조금

* 1회 먹는 양

요리 순서

1 고구마와 밤은 찜기에 30분간 찌고, 10분간 뜸들인다.

2 고구마와 밤은 껍질을 벗기고, 고구마는 갈기 좋게 썬다.

3 양파는 채 썰어 반 자른다.

4 기름을 둘러 예열한 냄비에 마늘을 1분간 볶다가, 양파를 넣어 볶는다.

5 양파가 투명해지면 밤과 고구마를 넣고 물 3숟가락을 넣어 볶는다.

6 우유를 넣고 한 번 끓으면, 알갱이가 조금 있도록 갈아준다.

7 원하는 농도가 되도록 5분 정도 약불에 저어준다.

저염 포인트
6번 과정에서 우유 붓고 소금 조금 넣기

TIP

- 부드러운 수프를 좋아한다면 곱게 갈아주세요.
- 식으면 더 걸쭉해지니까 원하는 것보다 조금 묽은 상태에서 불을 끄세요.
- 너무 걸쭉하면 우유를 조금 넣어 한 번 더 살짝 끓여 주세요.

 보관 및 데우는 법

[보관]
냉장하여 2~3일, 냉동하여 2주 내 소진 권장

[데우는 법]
냄비에 약불로 끓이거나 전자레인지 1분
※ 냉동 시 냉장 해동 후 데워 주세요.

영상으로 보기

밤 치킨수프

닭육수가 우러나 더 맛있는 밤 수프

닭고기와 밤은 궁합이 좋아요. 밤 수프에 닭고기까지 넣으면 단백질까지 섭취할 수 있어 간단한 한 끼로도 손색없어요. 가을에 어울리는 달콤한 수프로, 닭육수가 우러나 더 깊은 맛이 느껴져요.

PART 3 간단 특식과 국물 요리 수프/퓨레/국 > 밤 치킨수프

재료

닭 안심 2덩이(70g)
밤 40g
고구마 40g
우유 160ml
다진 마늘 1/4 티스푼 선택
기름 조금

* 1~2회 먹는 양

TIP

- 부드러운 수프를 좋아한다면 곱게 갈아주세요.
- 식으면 더 걸쭉해지니까 원하는 것보다 조금 묽은 상태에서 불을 끄세요.
- 너무 걸쭉하면 우유를 조금 더 넣어 한 번 더 끓여 주세요.

보관 및 데우는 법

보관
냉장하여 2~3일, 냉동하여 2주 내 소진 권장

데우는 법
냄비에 약불로 끓이거나 전자레인지 1분
※ 냉동 시 냉장 해동 후 데워 주세요.

요리 순서

1 고구마와 밤은 찜기에 30분간 찌고, 10분간 뜸들인다.

2 닭고기는 근막과 힘줄을 손질한 후 우유에 30분 이상 담가 비린내를 제거한다.

3 닭고기를 물에 헹군 후 한입 크기로 썰어준다.

4 고구마와 밤은 껍질을 벗기고, 고구마는 갈기 좋게 썬다.

5 기름을 둘러 예열한 냄비에 마늘을 1분간 볶다가, 닭고기를 넣고 볶아 다 익으면 접시에 덜어둔다.

6 닭고기를 볶은 냄비에 밤과 고구마를 넣고 1분간 볶는다.

7 우유를 넣고 한 번 끓으면, 알갱이가 조금 있도록 갈아준다.

8 닭고기를 넣어 원하는 농도가 되도록 5분 이상 약불에 저어준다.

저염 포인트
7번 과정에서 우유 붓고 소금 조금 넣기

단호박 당근 퓌레

감기에 좋은 부드럽고 달콤한 퓌레

감기에 걸리면 목이 자주 붓곤 하는데, 이럴 땐 아무래도 부드러운 음식이 좋더라고요. 비타민이 풍부한 단호박, 당근과 목감기에 좋은 배까지 넣어, 달콤하고 부드러운 퓌레를 만들었어요. 채소육수 대신 우유를 넣어 크림수프처럼 만들어도 돼요.

PART 3 　 간단 특식과 국물 요리　　　수프/퓨레/국 ▸ 단호박 당근 퓨레

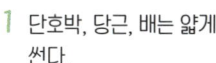

요리 순서

재료

단호박 70g
당근 30g
배 30g
채소육수 100ml 또는
　　　　물 80ml

* 1회 먹는 양

1 단호박, 당근, 배는 얇게 썬다.

2 전자레인지 찜기에 1을 담고 물을 조금 부어 3분간 돌린 후, 물은 따라낸다.

3 믹서기에 넣고 채소육수를 부어 곱게 갈아준다.

4 냄비에 붓고 센 불에 끓어오르면 중약불로 줄인 뒤 5분 이상 졸여준다.

저염 포인트
4번 과정에서
소금 조금 넣기

TIP
• 채소육수 대신 우유를 부어 수프처럼 만들어도 돼요.
• 배가 없다면 생략해도 돼요.

보관 및 데우는 법

보관
냉장하여 2~3일, 냉동하여 2주 내 소진 권장

데우는 법
냄비에 약불로 끓이거나 전자레인지 1분
※ 냉동 시 냉장 해동 후 데워 주세요.

영상으로 보기

순두부 버섯 들깨탕

간 안 해도 고소하고 맛있는 무염 국 메뉴

부드럽고 단백질이 풍부한 순두부는 이유식부터 유아식까지 사용하기 좋은 재료예요. 국 메뉴는 소금이나 간장 없이 맛 내기가 쉽지 않은데 두부, 버섯과 잘 어울리는 들깻가루를 곁들이면 고소하고 맛있어요. 국물보다 건더기가 더 많아 영양소를 충분히 섭취할 수 있어요.

PART 3   간단 특식과 국물 요리   수프/퓌레/국 ▶ 순두부 버섯 들깨탕

 재료

순두부 100g
양파 25g
느타리버섯 25g
볶은 들깻가루 1티스푼
채소육수 또는 물 120ml

* 1~1.5회 먹는 양

요리 순서

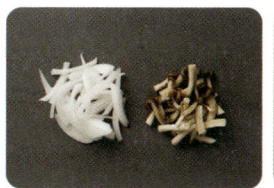

1 양파는 채 썰어 반 자르고, 느타리버섯은 두꺼운 것만 먹기 좋게 찢은 후 반으로 썬다.

2 냄비에 채소육수를 붓고 끓어오르면, 양파와 버섯을 넣고 양파가 익을 때까지 끓인다.

3 순두부를 넣고 스푼으로 잘라가며 1~2분 더 끓인다.

4 먹을 양만큼 그릇에 덜고 들깻가루를 얹어 섞어준다.

저염 포인트
3번 과정에서
아기 간장
1/2티스푼 넣기

 TIP

- 국물보다 건더기가 많게 만들었어요. 그래도 국물이 너무 졸아들면 육수나 물을 조금 추가해 주세요.
- 들깻가루는 바로 먹을 양만 덜어서 뿌린 후 섞어 주세요. 양은 기호에 따라 조절해도 좋아요.

 보관 및 데우는 법

보관
냉장하여 2~3일 내 소진 권장

데우는 법
냄비에 한 번 끓이거나 전자레인지 1분

소고기뭇국

무를 넣고 푹 끓여 국물 맛이 시원한 소고깃국

소고기 듬뿍 넣고 우려내는 것도 무염 국의 맛을 내는 방법이에요. 무를 푹 익혀서 식감도 부드럽고 달콤한 맛도 좋아요. 얇은 불고기용 고기를 작게 잘라 사용하거나, 다짐육을 활용하면 아기가 씹기 좋아요.

PART 3 간단 특식과 국물 요리　　수프/퓌레/국 > 소고기뭇국

요리 순서

재료

소고기(불고기용 등심 또는 우둔/설도 다짐육) 50g
무 40g
버섯 25g
(미니 새송이 20g + 표고 1/2개)
대파 10g
채소육수 또는 물 250ml
숙주나물 10g 선택
다진 마늘 1/3티스푼 선택
기름 조금

* 2~3회 먹는 양

1 무는 0.3cm 두께로 썰어 한입 크기로 자르고, 대파는 다진다.

2 버섯과 숙주나물도 먹기 좋은 크기로 자른다.

3 소고기는 키친타월로 핏물을 닦고, 작게 자른다.

4 기름을 둘러 예열한 냄비에 파를 넣고 1분간 볶다가 소고기와 다진 마늘을 넣고 볶는다.

5 소고기 핏기가 가시면 무를 넣고, 무가 반쯤 투명해질 때까지 볶는다.

6 채소육수를 붓고 무가 완전히 익을 때까지 끓인다.

TIP

- 국물보다 건더기가 많게 만들었어요. 너무 졸아들면 육수나 물을 추가해 주세요.
- 끓이면서 불순물과 기름 뜨는 것은 제거해 주세요. 냉장 보관 시 윗면에 기름이 굳는데, 걷어내고 데워 주세요.
- 숙주나물 향을 안 좋아하면 생략해도 돼요.

7 버섯과 숙주나물을 넣고 버섯이 익을 때까지 더 끓인다.

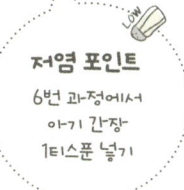

저염 포인트
6번 과정에서 아기 간장 1티스푼 넣기

보관 및 데우는 법

보관
냉장하여 2~3일, 냉동하여 2주 내 소진 권장

데우는 법
냄비에 약불로 끓이거나 전자레인지 1분
* 냉동 시 냉장 해동 후 데워 주세요.

소고기 미역국

소고기 다짐육 넣고 부드럽게 끓인 간단 미역국

소고기 다짐육은 오래 끓이지 않아도 부드럽고 육수도 잘 우러나요. 미역과 궁합이 좋은 두부도 함께 넣었어요. 국물을 넉넉하게 만들고 싶다면 들깻가루를 조금 추가해 보세요. 무염이어도 덜 심심하게 느껴질 거예요.

PART 3 간단 특식과 국물 요리   수프/퓌레/국 > 소고기 미역국

재료

건미역 5g
소고기 다짐육 50g
채소육수 또는 물 500ml
다진 마늘 1/3티스푼
두부 30g 선택
기름 조금

* 2~3회 먹는 양

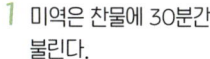
요리 순서

1 미역은 찬물에 30분간 불린다.

2 미역을 박박 씻어 먹기 좋게 자른다.

3 두부도 한입 크기로 깍둑썬다.

4 기름을 둘러 예열한 냄비에 키친타월로 핏물을 닦은 소고기를 넣고 볶는다.

5 다 익으면 미역과 다진 마늘을 넣고 2분간 볶는다.

6 건더기가 잠기도록 채소육수를 부어 중불에 끓이고 불순물은 걷어낸다.

7 국물이 반쯤 졸아들면 남은 육수를 모두 부어 중약불에 15~20분 더 끓이고, 두부를 넣고 1~2분 더 끓인다.

TIP

- 국물보다 건더기가 많게 만들었어요. 너무 졸아들면 육수나 물을 추가해 주세요.
- 국물을 넉넉하게 만들고 싶다면 육수 양을 늘리고 조리 후 들깻가루를 조금 추가하세요.

보관 및 데우는 법

보관
냉장하여 2~3일, 냉동하여 2주 내 소진 권장

데우는 법
냄비에 약불로 끓이거나 전자레인지 1분
* 냉동 시 냉장 해동 후 데워 주세요.

저염 포인트
7번 과정에서 아기 간장 1티스푼 넣기

김국

아기 김으로 감칠맛을 낸 국 요리

아기용 무조미김으로 아주 간단하게 끓여내는 국이에요. 다양한 채소를 조금씩 넣어, 각기 다른 식감을 느끼는 재미도 있어요. 달걀을 풀어 넣으면 더 부드러워요. 국수에 곁들여도 잘 어울려요.

PART 3   간단 특식과 국물 요리   수프/퓨레/국 ▶ 김국

재료

아기 김 1봉지
애호박 15g
새송이버섯 15g
감자 20g
양파 20g
채소육수 200ml

* 1~1.5회 먹는 양

TIP

- 국물보다 건더기가 많게 만들었어요. 너무 졸아들면 육수나 물을 추가해 주세요.
- 달걀물을 섞어서 마지막에 넣어줘도 좋아요. 달걀물을 빙 둘러 넣고 1분간 기다렸다가 익으면 섞어 주세요.

보관 및 데우는 법

보관
냉장하여 2~3일 내 소진 권장

데우는 법
냄비에 한 번 끓이거나 전자레인지 1분

요리 순서

1 양파는 채 썰어 반 자르고 버섯, 감자, 애호박은 먹기 좋게 한입 크기로 자른다.

2 채소육수를 냄비에 붓고 끓으면, 감자와 양파를 넣는다.

3 감자가 익으면 애호박과 버섯을 넣고 익을 때까지 끓인다.

4 아기 김을 봉지째 비벼 잘게 부순 후 넣는다.

5 한 번 팔팔 끓으면 불을 끈다.

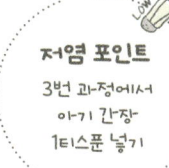

저염 포인트
3번 과정에서 아기 간장 1티스푼 넣기

응용 요리

김국수

소면을 삶아 김국을 붓고 참기름, 깨를 조금 넣어 비벼요.

채소 누룽지

간단하지만 영양 가득한 따뜻한 누룽지 요리

채소를 듬뿍 넣은 누룽지는 든든한 아침 한 끼로도 좋고, 감기 기운이 있거나 아플 때 주기도 좋아요. 레시피에 있는 재료가 없다면 집에 있는 다른 채소를 활용해도 돼요. 마지막에 달걀을 풀어 넣으면 더 부드러운 느낌으로 먹을 수 있어요.

PART 3   간단 특식과 국물 요리   수프/퓨레/국 ▸ 채소 누룽지

 **재료**

누룽지 25g
애호박 30g
감자 45g
느타리버섯 40g
당근 10g
채소육수 또는 물 250ml

* 1~1.5회 먹는 양

요리 순서

1 감자와 애호박은 적당한 크기로 썬다. 느타리버섯도 먹기 좋게 찢어 자르고, 당근도 채 썰거나 작게 자른다.

2 냄비에 채소육수를 붓고 끓어오르면 감자와 당근을 넣어 중불로 1분간 끓인다.

3 애호박과 버섯을 넣고 중약불로 끓인다.

4 애호박이 반쯤 익으면 누룽지를 넣고, 누룽지가 부드러워질 때까지 끓인다.

저염 포인트
완성 후
아기 간장
1티스푼 넣기

 **TIP**

• 누룽지가 부드럽게 익기 전에 국물이 너무 졸아들면, 채소육수 또는 물을 추가해 주세요. 다 익혔는데 국물이 원하는 것보다 많으면 센 불로 바꿔 졸이시면 돼요.

보관 및 데우는 법

 보관
냉장하여 2~3일 내 소진 권장

 데우는 법
물을 조금만 추가하여 냄비에 약불로 끓이거나 전자레인지 1분

PART 4

만들어 두면 든든한
냉동/냉장템

바쁠 때 언제든 꺼낼 수 있는 육류 냉동 비상템

육류 냉동템

소고기/돼지고기/닭고기

돈까스부터 함박스테이크, 불고기, 어묵까지
냉동 보관할 수 있는 다양한 육류 요리를 모았어요.
한 번 넉넉히 만들어 두면 한동안 편해요.

318 **함박스테이크**

320 **닭다리 백숙**

322 **아몬드 스틱 돈까스**

324 **닭고기 스테이크**

326 **소불고기**

328 **토마토 닭불고기**

330 **고구마 닭고기 소시지**

332 **수제 어묵**

음식의 보관 가능 기간은 냉장/냉동 조건에 따라 다를 수 있어요.
신선한 상태로 최대한 빨리 소진하는 게 좋아요.

함박스테이크

속까지 촉촉한 육즙 가득 함박스테이크

살짝 구워 형태를 잡고 쪄서, 속까지 촉촉하고 부드럽게 익힌 함박스테이크예요.
냉동 식량으로 넉넉히 만들어 두고 간단히 데워 주기 좋아요. 한입 크기로 잘라 볶음밥,
리조또, 떡볶이 등 다양한 메뉴에 활용할 수 있어요.

PART 4 만들어 두면 든든한 냉동/냉장템   육류 냉동템 > 함박스테이크

재료

소고기 다짐육 150g
돼지고기 다짐육 70g
(또는 소고기)
두부 100g
양파 80g
당근 40g
전분가루 2숟가락(20g)
다진 마늘 1티스푼 또는
갈릭파우더 조금 선택

* 6~8회 먹는 양

TIP

• 전분가루는 쌀가루, 밀가루로 대체해도 돼요.
• 반죽을 작게 만들면 미트볼, 달걀물을 입히면 동그랑땡이 돼요.
• 반죽 일부는 굽지 않고 파프리카전, 깻잎전 등 전에 활용해도 좋아요.
• 소고기는 우둔/설도 부위를 사용하고, 돼지고기는 등심/안심/앞다릿살을 사용해요. 기름기가 적은 다른 부위로 대체해도 괜찮아요.
• 그냥 팬에 굽기만 할 경우 속까지 잘 익도록 얇게 만들거나, 중앙 부분을 조금 눌러 주세요.

보관 및 데우는 법

보관
바로 먹이고 남은 것은 냉동하여 2주 내 소진 권장
※ 편의를 위해 익혀서 냉동하되, 일부는 반죽으로 냉동하면 전, 미트볼 등 다른 메뉴를 만들어 다양하게 활용 가능

데우는 법
익힌 함박스테이크는 냉동된 상태로 물을 묻혀 전자레인지에 1분 데우거나 다시 찌기

요리 순서

1 양파와 당근을 다진다.

2 두부는 칼등으로 으깨, 면포로 물기를 꽉 짠다.

3 볼에 키친타올로 핏물 닦은 다짐육과 양파, 당근, 두부, 다진 마늘, 전분가루를 모두 넣고 치대며 반죽한다.

4 아기가 1회 먹기 적당한 양으로 나눠, 둥글납작하게 빚는다.

5 170도로 예열한 오븐 또는 에어프라이어에 10분간 굽는다.

6 찜기로 20분 찐 후, 키친타올로 스테이크 아랫면에 묻은 기름을 닦아준다.(필요시 시간 추가)

저염 포인트
3번 과정에서 아기 간장 1숟가락 넣기

영상으로 보기

응용 요리

함박 떡볶이

함박스테이크 한 덩이
버섯(양송이/새송이/느타리) 30g
아기 치즈 1/2장 선택
양파 30g **우유** 100ml
당근 15g **기름** 조금 **조랭이떡** 70g

기름 두른 팬에 양파를 넣고 볶다가 투명해지면 작게 자른 함박스테이크와 당근, 버섯을 넣고 볶아요. 우유를 넣고 끓어오르면 떡을 넣고 익을 때까지 볶아요. 아기 치즈를 넣을 경우 마지막에 추가해 섞어 주세요.

함박 파프리카전 218쪽
코티지파이 284쪽

닭다리 백숙

쫄깃한 닭다리로 만든 든든한 닭고기 보양식

한약재 없이 채소와 채소육수만 사용해도 냄새 없이 맛있어요. 소금 간만 더해 어른도 같이 먹기 좋고요. 넉넉히 만들어 냉동해 두고 닭죽, 누룽지죽, 리조또, 파스타, 별미밥 등 다양한 메뉴에 활용할 수 있어요.

PART 4 만들어 두면 든든한 냉동/냉장템   육류 냉동템 > 닭다리 백숙

재료

닭다리 400g
양파 1개
대파 1뿌리
통마늘 한 줌
대추 3개 선택
채소육수 또는 물 1~1.2L

* 4~5회 먹는 양

TIP

- 닭 껍질은 꼭 벗겨야 하는 건 아니지만, 벗기면 기름기를 줄일 수 있어요. 껍질을 제거할 땐 키친타월을 사용하세요. 키친타월로 껍질을 잡고 잡아당기면 돼요.
- 국물이 너무 졸아들었다면 물을 조금 더 넣고 끓이고, 국물이 너무 많다면 좀 더 끓여서 졸이면 돼요.
- 완성 후 국물을 체에 한 번 거르면 작은 뼈를 제거할 수 있어요.

보관 및 데우는 법

보관
냉장하여 2일, 냉동하여 2주 내 소진 권장(살을 발라내 육수와 용기에 한 끼 양씩 나눠 담아 보관)

데우는 법
냄비에 약불로 데우기
* 냉동 시 냉장 해동 후 데워 주세요.

요리 순서

1 닭다리는 껍질을 벗겨, 우유에 30분 이상 담가 비린내를 제거한다.

2 대파와 양파, 통마늘, 대추는 깨끗이 씻는다.

3 냄비에 씻은 닭다리와 채소를 넣고 채소육수를 붓는다.

4 센 불로 10분, 중불로 30분, 약불로 10분 끓이고, 필요하면 더 끓여준다.

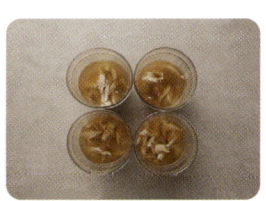
5 바로 먹일 것 외에는 살을 발라내 육수와 용기에 한 끼 양씩 나눠 담는다.

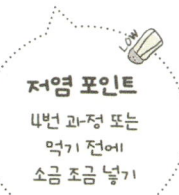

저염 포인트
4번 과정 또는 먹기 전에 소금 조금 넣기

응용 요리

닭백숙 리조또 92쪽
닭고기 토마토밥 42쪽

아몬드 스틱 돈까스

기름에 튀기지 않은 No 밀가루/빵가루, 스틱 돈까스

고기를 길게 잘라 돈까스를 만들면 아이가 들고 먹기도 편하고, 고기가 두껍지 않아 씹기도 편해요. 밀가루 대신 전분가루, 빵가루 대신 아몬드가루를 사용하고, 튀기는 대신 오븐에 구워 더 안심하고 먹일 수 있어요.

PART 4   만들어 두면 든든한 냉동/냉장템   육류 냉동템 › 아몬드 스틱 돈까스

 재료

돈까스용 돼지고기 등심
120g(2장)
전분가루 1/3컵
달걀 1개
아몬드가루 2/3컵
갈릭파우더, 어니언파우더
선택

* 2~3회 먹는 양

 TIP

- 갈릭/어니언파우더는 넣으면 더 맛있지만, 생략해도 괜찮아요.
- 전분가루와 아몬드가루는 얇게 입히도록 묻힌 후에 털어 주세요.
- 고기 두께가 1cm 이상이면, 살짝 두드려서 사용하거나 너비를 더 좁게 잘라 주세요.
- 전분가루는 밀가루로, 아몬드가루는 빵가루로 대체 가능해요. 빵가루를 사용할 경우 오일 스프레이를 뿌려서 구워 주세요.

 보관 및 데우는 법

[보관]
바로 먹일 것만 굽고 나머지는 지퍼백이나 용기에 펼쳐서 냉동하여 2주 내 소진 권장

[데우는 법]
해동 없이 190도로 예열한 오븐 또는 에어프라이어에 15~20분 굽기

요리 순서

1 고기는 1.5cm 너비로 길게 자른다.

2 고기 위에 갈릭파우더, 어니언파우더를 뿌려 문지른다.

3 고기에 전분가루를 얇게 입혀 달걀물을 묻히고, 마지막으로 아몬드가루도 골고루 묻혀 가루를 털어준다.

4 190도로 예열한 오븐 또는 에어프라이어에 15~20분간 굽는다.

저염 포인트
2번 과정에서 소금 밑간하기

영상으로 보기

닭고기 스테이크

부추 향이 은은하게 나는 단백질 듬뿍 닭고기 반찬

심심할 수 있는 닭고기 반죽에 닭고기와 궁합이 좋은 부추로 풍미를 더했어요.
살짝 구워 형태를 잡고 쪄서, 속까지 촉촉하게 익혀서 부드러워요. 작게 완자 모양으로
만들어도 되고, 다 익힌 후 작게 잘라 달걀물을 입혀서 구워도 맛있어요.

PART 4   만들어 두면 든든한 냉동/냉장템   육류 냉동템 > 닭고기 스테이크

요리 순서

 **재료**

닭 안심 200g
두부 60g
양파 60g
당근 30g
부추 20g
전분가루 2숟가락(20g)

* 6회 먹는 양

1 닭고기는 근막과 힘줄을 손질한 후 우유에 30분 이상 담가 비린내를 제거한다.

2 양파와 당근, 부추는 다진다.

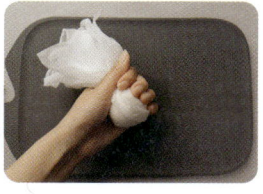
3 두부를 칼등으로 으깨, 면포로 물기를 꽉 짠다.

4 닭고기를 물에 헹군 후 믹서에 곱게 갈아준다.

5 볼에 준비한 모든 재료와 전분가루를 넣고 찰기가 생기도록 치댄다.

6 장갑에 기름을 골고루 묻힌 후, 아기가 1회 먹기 적당한 양으로 나눠 둥글납작하게 빚는다.

7 170도로 예열한 오븐 또는 에어프라이어에 5분간 굽는다.

8 구워 낸 스테이크를 찜기로 20분간 찐다.(필요시 시간 추가)

 **TIP**

- 전분가루는 쌀가루, 밀가루로 대체해도 돼요.
- 더 작게 볼 모양으로 만들어도 돼요.

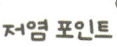 **저염 포인트**

5번 과정에서 소금 조금 또는 아기 간장 1숟가락 넣기

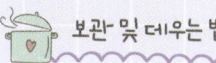 **보관 및 데우는 법**

보관
모두 익힌 후 바로 먹이고 남은 것은 냉동하여 2주 내 소진 권장

데우는 법
냉동된 상태로 물을 묻혀 전자레인지에 1분 데우거나 다시 찌기

소불고기

배와 양파로 건강하게 단맛을 낸 무염 소불고기

소불고기도 넉넉히 만들어 냉동해 두면 든든한 육류 반찬 중 하나예요.
인위적인 단맛 없이 배와 양파로 은은하게 단맛을 더해서 안심하고 먹일 수 있어요.
당근 대신 버섯을 넣어도 돼요. 마지막에 참기름을 조금 뿌리면 더 맛있어요.

PART 4 만들어 두면 든든한 냉동/냉장템   육류 냉동템 › 소불고기

요리 순서

 재료

소고기(불고기용) 200g
배 70g
양파 95g(양념용 50g + 건더기용 45g)
당근 40g
채소육수 또는 물 50ml

* 3~4회 먹는 양

1 양파는 전부 채 썰어 반 자르고, 당근도 채 썰어 2cm 길이로 자른다.

2 배는 갈기 좋게 잘라 채 썬 양파 50g과 갈아준다.

3 소고기는 키친타월로 핏물을 닦고, 먹기 좋게 자른다.

4 고기와 채소, 2를 모두 버무려 냉장고에 3시간 동안 숙성한다.

5 바로 먹을 양만 냄비에 덜어 채소육수 50ml를 추가한다.

6 부드럽게 익도록 중불로 볶으며 졸인다.

 TIP

- 당근 일부는 얇게 썰어 모양틀로 잘랐어요. 채 썰기만 해도 괜찮아요.
- 냉동할 때는 익히지 않은 상태로 용기에 한 번 먹을 양만큼 나눠 담으세요.
- 볶을 때 버섯을 조금 추가해도 돼요.
- 다 볶은 후 참기름, 깨를 조금 추가해도 좋아요.
- 냉동해 둔 것도, 나중에 볶을 때 채소육수를 50ml 넣어 볶아 주세요. 더 부드러워져요.

7 나머지는 익히지 않은 상태로 한 끼 먹을 양만큼 나눠 담아 냉동한다.

저염 포인트
4번 과정에서 아기 간장 1숟가락 또는 6번 과정에서 1회 먹는 양 기준 아기 간장 1티스푼 넣기

 보관 및 데우는 법

보관
냉장하여 2일, 냉동하여 2주 내 소진 권장

데우는 법
채소육수 또는 물을 조금 추가해 냄비에 약불로 데우기

냉동한 것은 냉장 해동하거나 용기째로 찬물에 담가 해동

영상으로 보기

토마토 닭불고기

부드러운 닭 안심에 채소와 과일만 추가한 달콤 닭불고기

심심한 무염 닭불고기도 토마토를 넣으면 감칠맛이 살아나서 덜 심심하고 맛있어요.
다른 재료 없이 토마토, 사과, 양파로 소스를 만들어 은은한 달콤함을 더했어요.
소스가 넉넉해서 촉촉한 편이라 덮밥처럼 주셔도 돼요.

PART 4   만들어 두면 든든한 냉동/냉장템   육류 냉동템 > 토마토 닭불고기

재료

닭 안심 200g
토마토 1개(200g)
사과 80g
양파 160g(소스용 80g + 건더기용 80g)

* 3~4회 먹는 양

요리 순서

1 닭고기는 근막과 힘줄을 손질한 후 우유에 30분 이상 담가 비린내를 제거한다.

2 토마토와 사과, 소스용 양파 80g은 갈기 좋게 자른다.

3 건더기용 양파 80g은 얇게 채 썰어 반 자른다.

4 2의 재료를 다지거나 믹서로 갈아준다.

5 씻어낸 닭고기는 먹기 좋은 크기로 자른다.

6 닭고기와 4, 채 썬 양파를 버무려 냉장고에서 3시간 동안 숙성한다.

7 6을 팬에 붓고 센 불로 끓인다.

8 끓어오르면 중불로 15~20분간 볶으며 졸인다.

TIP

• 익혀서 냉동하길 권장하고, 생으로 냉동 시 최대한 빨리 소진해 주세요.
• 냉동할 때는 용기에 한 번 먹을 양만큼 나눠 담으세요.

저염 포인트
8번 과정에서
아기 간장
1숟가락 넣기

보관 및 데우는 법

[보관]
냉장하여 2일, 냉동하여 2주 내 소진 권장

[데우는 법]
냄비에 약불로 데우기
※ 냉동 시 냉장 해동 후 데워 주세요.

고구마 닭고기 소시지

고구마를 넣어 촉촉한 닭고기 소시지

닭고기 스테이크가 좀 담백한 느낌이라면, 이 메뉴는 달콤한 맛이 매력적이에요.
소시지 모양이라 아기들도 좋아하고요. 한입 크기로 자른 후에 달걀물을 입혀서
기름에 구워도 맛있어요. 되도록 달콤한 꿀고구마를 사용하세요.

PART 4   만들어 두면 든든한 냉동/냉장템   육류 냉동템 > 고구마 닭고기 소시지

재료

닭 안심 200g
고구마 100g
양파 100g
부추 10g
쌀가루 2숟가락(20g)

*6회 먹는 양

요리 순서

1 닭고기는 근막과 힘줄을 손질한 후 우유에 30분 이상 담가 비린내를 제거한다.

2 고구마는 찜기에 쪄서 껍질을 벗긴다.

3 양파와 부추는 다진다.

4 닭고기를 물에 헹군 후 믹서에 곱게 갈고, 고구마를 넣어 한 번 더 갈아준다.

5 볼에 4와 양파, 부추, 쌀가루를 넣고 잘 섞는다.

6 종이호일 위에 반죽을 길게 얹는다.

7 종이호일을 겹쳐 말아 둥글게 소시지 모양을 만든다.

8 170도로 예열한 오븐 또는 에어프라이어에 20~25분간 굽는다.

TIP

- 쌀가루는 밀가루로 대체해도 돼요.
- 다진 마늘이나 갈릭파우더를 조금 넣어도 좋아요.

보관 및 데우는 법

보관
모두 익힌 후 냉장하여 2일, 냉동하여 2주 내 소진 권장

데우는 법
냉동된 상태로 물을 묻혀 전자레인지에 1분

저염 포인트
5번 과정에서 소금 조금 넣기

수제 어묵

기름에 튀기지 않은 쫄깃한 수제 어묵

단백질이 풍부한 흰살생선과 새우로 만든 어묵이에요. 시판 제품과 달리 첨가물도 없고, 튀기지 않고 오븐에 구워 안심하고 먹일 수 있어요. 별도로 간을 하진 않지만, 다른 재료보다 재료 자체 염도가 높은 편이라 덜 심심한 느낌이에요.

PART 4 만들어 두면 든든한 냉동/냉장템   육류 냉동템 > 수제 어묵

재료

새우 100g(손질 후)
가자미 또는 다른 흰살생선 100g
파프리카 55g
양파 50g
당근 30g
전분가루 1숟가락(10g)
채소육수 또는 기름 조금

* 4회 먹는 양

TIP

- 채소를 볶을 때 필요하면 육수 또는 물을 추가하고 바닥에 물기가 없을 때까지 볶아요.
- 종이호일보다 기름 바른 트레이 사용을 권장해요.
- 빨리 익도록 굽기 전 어묵 중앙 부분을 살짝 눌러 주세요.

보관 및 데우는 법

보관
모두 익힌 후 바로 먹이고 남은 것은 냉동하여 2주 내 소진 권장

데우는 법
냉장 해동 후 오븐 또는 에어프라이어에 160도로 5분 데우거나 냉동된 상태로 물을 묻혀 전자레인지에 1분

요리 순서

1 가자미는 쌀뜨물이나 우유에 30분 이상 담가 비린내를 제거하고, 새우도 찬물에 잠시 뒀다 짠맛을 뺀다.

2 양파, 파프리카, 당근은 다진다.

3 2를 채소육수에 볶는다.

4 가자미 가시를 제거하고 갈기 좋게 자른다. 새우는 내장을 제거한다.

5 가자미와 새우를 믹서나 다지기로 갈아준다.

6 볼에 모든 재료와 전분가루를 넣고 찰기가 생기게 반죽한다.

7 뚜껑이나 랩으로 덮어, 냉장실에 30분 이상 둔다.

8 장갑에 기름을 골고루 묻힌 후 반죽을 둥글게 빚어, 170도로 예열한 오븐 또는 에어프라이어에 15분간 굽는다.

저염 포인트
6번 과정에서 소금 조금 넣기

영상으로 보기

직접 만들어 더 맛있고 건강한 각종 소스류 및 비법 레시피

홈메이드 레시피

첨가물 걱정 없는 엄마 아빠표 요리

토마토소스부터 케첩, 피클, 잼까지
설탕이나 기타 첨가물 없이 만들어 안심하고 먹여요.

336 **채소육수**

338 **라구소스**

340 **파프리카소스 & 장**

342 **만능 토마토소스**

344 **수제 케첩**

346 **콩가루 두부 마요네즈**

348 **무설탕 피클**

350 **무설탕 블루베리 잼**

352 **선드라이 토마토**

방부제를 사용하지 않아서 되도록 빨리 소진하는 것이 좋아요.
평소 섭취량에 따라 양을 줄여서 만들어도 돼요.

채소육수

맛있는 무염식을 위한 필수 아이템

채소를 듬뿍 넣고 달콤하게 우려낸 채소육수예요. 요리할 때 채소육수를 사용하면 맹물로 만든 음식보다 훨씬 감칠맛이 좋거든요. 국물 요리에 쓸 것은 이유식 용기나 모유수유팩에 담고, 물볶음 등에 소량으로 쓸 것은 큐브에 냉동하면 돼요.

PART 4   만들어 두면 든든한 냉동/냉장템   홈메이드 레시피 > 채소육수

 재료

물 2L
양파 1개
대파 1대
당근 1/2개
표고버섯 2개
무 1/5개
애호박 1/2개
사과 또는 배 1/2개 선택

* 200ml x 5~6팩 분량

요리 순서

1 모든 재료는 깨끗이 씻는다.

2 재료를 큼직하게 자른다.

3 냄비에 물과 모든 재료를 넣는다.

4 센 불에 끓어오르면 중불로 낮춰 1시간 동안 끓인다.

5 이유식 용기나 모유수유팩, 큐브 등에 나눠 담는다.

 TIP

- 다른 재료는 생략하더라도, 파, 양파, 무는 꼭 넣어주세요.
- 재료 손질할 때, 사과는 씨를 잘라내고 표고버섯은 밑동을 제거해요.
- 대파는 뿌리까지 깨끗이 씻어 사용해도 돼요.
- 완성 후 국물을 체에 한 번 거르면 더 깔끔해져요.

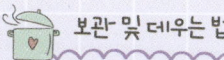 보관 및 데우는 법

보관
냉장하여 2~3일, 냉동하여 2주 내 소진 권장

라구소스

소고기와 토마토 듬뿍 넣은 한 그릇 요리 치트키

소고기와 채소를 듬뿍 넣은 소고기 토마토소스예요. 그냥 밥에 비벼 먹어도 맛있고, 소면에 비벼 국수로 주거나, 파스타, 리조또 등에 활용해도 잘 어울려요. 물도 괜찮지만, 채소육수를 조금 부어 졸이면 더 맛있어요. 집에 있는 다른 채소를 추가로 넣어도 돼요.

PART 4 만들어 두면 든든한 냉동/냉장템   홈메이드 레시피 > 라구소스

요리 순서

 재료

소고기 다짐육 200g
토마토 3개(500g)
사과 100g(1/2개)
양파 100g(1/2개)
애호박 85g
다진 마늘 1/2티스푼
채소육수 또는 물 140ml
기름 조금

* 4~6회 먹는 양
 (약 600ml 분량)

 TIP

- 토마토마다 무게가 다르니, 중량을 참고하여 개수를 조절해 주세요.
- 토마토를 데칠 때는 끓는 물에 데쳐도 되고, 끓인 물을 부어 5분 동안 둬도 돼요. 저는 전기포트를 사용했어요.
- 다른 요리에 쓰기 좋도록 국물이 살짝 남아 있을 때 졸이는 것을 멈췄어요. 원하는 정도로 졸여졌을 때 불을 끄면 돼요.
- 되도록 넓고 깊은 냄비를 사용하세요. 수분이 빨리 날아가고, 소스가 바깥으로 덜 튀어요.

 보관 및 데우는 법

[보관]
냉장하여 2~3일, 냉동하여 3주 내 소진 권장

1 토마토는 십자(+)로 칼집을 내고 데쳐서 껍질을 벗긴다.
2 양파와 애호박은 다진다.
3 토마토는 껍질 벗겨 꼭지를 제거하고, 사과는 씨를 제거해 갈기 좋게 자른다.

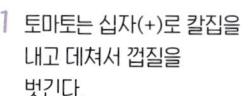

4 3을 갈아준다.
5 기름을 둘러 예열한 냄비에 다진 마늘을 넣고 1분간 볶다가, 양파를 넣어 투명해질 때까지 볶는다.
6 키친타월로 핏물 닦은 소고기를 넣고 볶는다.

7 소고기 핏기가 가시면 애호박을 넣고 볶다가, 다 익으면 4와 채소육수를 붓고 끓인다.
8 센 불에 끓어오르면 중불로 낮춰 20분 이상 졸여, 이유식 용기나 모유수유팩, 큐브 등에 나눠 담는다.

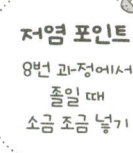 저염 포인트
8번 과정에서 졸일 때 소금 조금 넣기

응용 요리

라구파스타

파스타 면(현미) 1회 먹을 양을 제품 조리법대로 삶아, 라구소스를 한 번 볶은 팬에 넣고 소스가 골고루 묻도록 볶아요.

파프리카소스 & 장

파프리카와 사과를 갈아서 만든 달콤한 소스

파프리카장

파프리카소스

당류 제품 없이 오직 채소와 과일로 만든 달콤한 소스예요. 파프리카 안 먹는 아기도 좀 더 거부감 없이 파프리카를 접할 수 있어요. 소고기볶음이나 떡볶이 등 각종 볶음, 조림에 사용하면 맵지 않은 빨간 요리가 완성돼요. 흰살생선이랑도 잘 어울려요.
파프리카소스는 파프리카, 사과를 익혀서 가는 것까지만 하고, 파프리카장은 찹쌀풀과 콩가루를 추가해 만들어요. 아무래도 볶음요리에는 장이 잘 엉겨 붙어 좋아요.

PART 4   만들어 두면 든든한 냉동/냉장템   홈메이드 레시피 > 파프리카소스 & 장

요리 순서

재료

파프리카 1개(손질 후 115g)
사과 1/2개(손질 후 95g)
채소육수 또는 물 조금

[파프리카장은 아래 재료 추가]
찹쌀풀 찹쌀가루 5g,
       물 50ml
볶은 콩가루 1/2~1숟가락 선택

1 파프리카와 사과는 손질하여 갈기 좋게 깍둑썬다.

2 파프리카와 사과를 냄비에 담고, 채소육수를 2~3숟가락 부어 사과가 진한 노란색을 띨 때까지 볶는다.

3 2를 한 김 식혀, 믹서로 갈아준다.

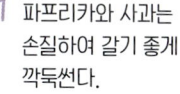
파프리카장은 아래 과정 추가

4 찹쌀가루 5g과 물 50ml를 잘 섞어 팬에 붓고, 약불로 5분간 저어가며 끓인 후 5분 식힌다.

5 3에 4와 콩가루를 넣고 잘 섞는다.(콩가루는 기호에 따라 생략하거나, 맛을 보며 조금씩 추가)

저염 포인트
2번 과정에서 소금 조금 넣기

TIP

• 큐브에 담아 냉동하면 사용하기 편해요.
• 파프리카소스는 20g 기준 큐브 4개, 파프리카장은 큐브 6~7개 완성되는 양이에요.

응용 요리
소고기 파프리카장 볶음

기름 없이 소고기 다짐육을 볶다가 파프리카장을 넣어 조금 더 볶아요.

파프리카장 떡볶이 276쪽

보관 및 데우는 법

보관
냉장하여 2~3일, 냉동하여 3주 내 소진 권장

데우는 법
접시에 담아 실온 해동하거나, 전자레인지 30초~1분

영상으로 보기

만능 토마토소스

토마토와 배 조합이 맛있는 만능 소스

토마토와 사과 조합도 맛있지만, 배를 넣어 만들면 달콤한 감칠맛이 더 극대화돼요.
라구소스는 소고기까지 넣어서 다른 단백질원을 추가하지 않고 바로 사용하기 좋은데요.
이 소스는 새우 또는 원하는 육류를 추가하거나, 채소만 넣어 요리하고 싶을 때 활용하기 좋아요.

PART 4　만들어 두면 든든한 냉동/냉장템　　홈메이드 레시피 > 만능 토마토소스

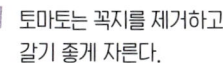

 재료

토마토 5개(650g)
배 200g
양파 120g
다진 마늘 1/2티스푼 선택
기름 조금

* 한 그릇 요리 5회 조리할 양

요리 순서

1 토마토는 꼭지를 제거하고 갈기 좋게 자른다.

2 양파는 다지고, 배는 갈기 좋게 자른다.

3 토마토와 배를 함께 갈아준다.

4 기름을 조금 둘러 예열한 냄비에 다진 마늘을 넣고 1분간 볶은 후, 양파를 넣어 5분 더 볶는다.

5 3의 소스를 붓고 센 불로 높인다.

6 끓어오르면 중약불, 약불로 줄여 중간중간 저어가며 30분간 졸인다.

7 바로 사용할 것을 제외하고는 큐브나 용기에 나눠 담아 냉동한다.

저염 포인트
6번 과정에서 소금 조금 넣기

TIP

- 양파가 단맛이 나도록 충분히 오래 볶아주세요.
- 배가 없으면 사과로 대체하세요.
- 되도록 넓고 깊은 냄비를 사용하세요. 수분이 빨리 날아가고, 소스가 바깥으로 덜 튀어요.

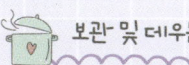 보관 및 데우는 법

보관
냉장하여 2~3일, 냉동하여 3주 내 소진 권장

데우는 법
냉장/실온 해동 후 사용 권장

수제 케첩

안심하고 먹이는 새콤달콤 무첨가 수제 케첩

설탕 대신 사과로 달콤함을 더하고, 파프리카로 빨간 색감을 더한 수제 케첩이에요.
달걀 요리나 완자 등에 뿌려주면 토마토의 새콤달콤한 맛이 풍미를 높여줘요.
재료를 한 번 볶아서 사용해 감칠맛은 높이고, 졸이는 시간은 줄였어요.

PART 4   만들어 두면 든든한 냉동/냉장템   홈메이드 레시피 > 수제 케첩

요리 순서

재료

토마토 1개(160g)
사과 50g
파프리카 15g
전분물 전분가루 1티스푼
  + 물 3티스푼
레몬즙 1티스푼
기름 조금

* 30ml 소스병
  2개에 담기는 양

1 토마토는 십자(+)로 칼집을 내고 데쳐서 껍질을 벗긴다.

2 토마토의 꼭지를 제거하고, 사과는 씨를 제거한 후 파프리카와 갈기 좋게 자른다.

3 팬에 토마토를 넣고 기름을 조금 부어 가볍게 한 번 볶는다.

4 사과와 파프리카도 넣고 중약불로 5분간 볶는다.

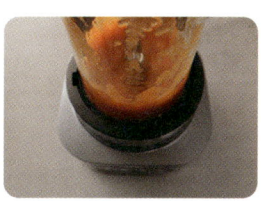
5 한 김 식혀 믹서에 넣고 곱게 갈아준다.

6 팬에 5와 레몬즙을 붓고 원하는 농도가 되도록 약불에 5분 정도 졸인다.

7 아주 약한 불로 낮춰 전분물 2티스푼을 조금씩 빙 둘러 넣고 재빨리 섞는다.

8 식으면 용기에 담아 7일 내 먹일 것은 냉장, 나머지는 냉동한다.

저염 포인트
6번 과정에서 소금 조금 넣기

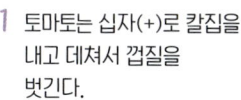
TIP

- 토마토를 데칠 때는 끓는 물에 데쳐도 되고, 끓인 물을 부어 5분간 둬도 돼요. 저는 전기포트를 사용했어요.
- 전분물은 다 붓지 않고 2티스푼만 사용해요. 농도를 보며 조금씩 추가해 주세요.
- 되도록 냉장고 안쪽에 보관하고, 보관 환경에 따라 보관 가능 기간이 달라질 수 있으니 섭취 전 변질 여부를 꼭 확인해 주세요.

보관 및 데우는 법

보관
냉장하여 7일, 냉동하여 2주 내 소진 권장

* 냉동한 것은 냉장 해동 후 물 1티스푼을 추가해 팬에 한 번 볶은 후 다시 냉장하여 사용

콩가루 두부 마요네즈

채소에 콕! 콩가루 넣어 더 고소한 두부 마요네즈

비건 마요네즈로 유명한 두부 마요네즈에 콩가루를 넣어 더 고소하게 만들었어요.
시판 마요네즈처럼 단맛, 짠맛은 없지만, 첨가물 없이 마요네즈 질감을 낼 수 있고 야채 스틱에
곁들여 먹기 좋아요. 양이 많다면 절반은 조청이나 단 것을 조금 넣고 어른도 같이 드세요.

PART 4   만들어 두면 든든한 냉동/냉장템   홈메이드 레시피 > 콩가루 두부 마요네즈

재료

두부 100g
볶은 콩가루 1숟가락(7g)
견과류 10g
올리브오일 1숟가락
레몬즙 1티스푼

* 4회 먹는 양

요리 순서

1 두부는 끓는 물에 5분간 데친 후 키친타월로 물기를 닦는다.

2 견과류를 곱게 부순다.

3 모든 재료를 핸드블렌더나 믹서로 곱게 갈아준다.

저염 포인트
3번 과정에서 소금 조금, 조청 1티스푼 넣기

TIP

- 아주 뻑뻑한 느낌이라, 중간중간 섞으며 갈아주는 게 좋아요. 더 부드러운 질감을 원하면 오일 양을 늘려주세요.

- 되도록 냉장고 안쪽에 보관하고, 보관 환경에 따라 보관 가능 기간이 달라질 수 있으니 섭취 전 변질 여부를 꼭 확인해 주세요.

보관 및 데우는 법

보관
냉장하여 7일 내 소진 권장

무설탕 피클

사과로 달콤한 맛을 낸 오이 피클

육류 반찬과 잘 어울리고, 기본 반찬으로 만들어 놓고 오래 먹이기 좋은 피클이에요.
설탕 대신 사과를 듬뿍 넣어 달콤하지만, 아기가 먹기 좋게 심심해요.
식초가 자극적일까 봐 걱정되시면, 레몬즙으로 대체해 보세요.

PART 4　만들어 두면 든든한 냉동/냉장템　　홈메이드 레시피 > 무설탕 피클

 재료

오이 190g(1+1/4개)
당근 50g
사과 250g
식초 40ml 또는 레몬즙 조금
물 150ml

* 500ml 1병 분량

 TIP

- 아기용이라 심심해요. 피클물이 완성되면 맛을 보시고 취향껏 재료(물, 소금, 식초, 사과즙 등)를 더 넣어주세요. 생각보다 자극적이면 물 30ml 추가하여 조금 더 끓여주세요.
- 식초를 레몬즙으로 대체할 경우, 1티스푼을 넣고 맛본 후 양을 추가하세요.
- 유리병 열탕 소독하는 방법
  + (1) 차가운 물을 담은 냄비에 유리병을 엎어 놓고, 유리병 안에 물방울이 가득 맺힐 때까지 끓여주세요.
  + (2) 병 소독 후 불을 끄자마자 병을 꺼내고, 바로 뚜껑을 넣어 10초 이내로 뒤집어가며 소독해요.
  + (3) 물기가 없도록 완전히 건조해요.

 보관 및 데우는 법

보관
냉장하여 7일 내 소진 권장

요리 순서

1 오이는 0.5cm로 납작하게 썰고, 당근은 원하는 모양으로 자른다.

2 사과는 갈기 좋게 자른다.

3 열탕 소독한 병에 오이, 당근을 번갈아 담는다.

4 사과와 물 150ml를 믹서로 간다.

5 4와 식초를 냄비에 부어 팔팔 끓인다.

6 식기 전에 3에 붓는다. 잘 섞이지 않으면, 옆으로 흔들거나 젓가락을 활용해 공간을 만든다.

7 뚜껑을 닫고 피클물이 빈틈없이 채워지게 잘 흔든 후, 실온에 하루 보관하고 냉장한다.

저염 포인트
5번 과정에서 소금 조금 넣기

영상으로 보기

무설탕 블루베리 잼

설탕 없이 단 두 가지 재료로 만든 건강한 잼

치아시드를 활용하면 설탕 없이도 잼 질감을 만들 수 있어요. 빵에 곁들여도 좋고,
포리지나 요거트에 섞어주어도 좋아요.
블루베리뿐만 아니라 딸기 등 다른 과일로 만들어도 돼요.

PART 4 만들어 두면 든든한 냉동/냉장템   홈메이드 레시피 > 무설탕 블루베리 잼

 재료

블루베리 종이컵 2컵 분량
치아시드 1.5숟가락

 TIP

- 믹서 대신 매셔로 대강 으깨도 돼요.
- 종이컵 1컵 안 되는 양으로 완성돼요.
- 레몬즙을 조금 넣으면 오래 보관하는 데 도움이 돼요.
- 유리병 열탕 소독하는 방법
  + (1) 차가운 물을 담은 냄비에 유리병을 엎어 놓고, 유리병 안에 물방울이 가득 맺힐 때까지 끓여주세요.
  + (2) 병 소독 후 불을 끄자마자 병을 꺼내고, 바로 뚜껑을 넣어 10초 이내로 뒤집어가며 소독해요.
  + (3) 물기가 없도록 완전히 건조해요.

 보관 및 데우는 법

보관
냉장하여 5~6일 내 소진 권장
※ 변질되기 쉬우니 물이 묻지 않은 깨끗한 스푼을 사용하세요.

요리 순서

1 냄비에 블루베리를 담는다.

2 약불로 10분간 짓이기며 끓여준다.

3 믹서나 핸드블렌더를 사용해, 원하는 알갱이 크기로 갈아준다. (매셔로 으깨도 돼요.)

4 치아시드를 넣는다.

5 5~10분 정도 잼 질감이 될 때까지 끓인다.

6 열탕 소독한 병에 담아 냉장한다.

선드라이 토마토

저온에 오래 구워 더 달콤한 방울토마토

토마토를 먹지 않던 단이가 토마토와 친해지게 된 메뉴예요. 오래 구워 달콤해진 선드라이 토마토를 맛보고 나니, 생토마토와 토마토 요리도 잘 먹더라고요. 리조또, 파스타, 볶음밥 등 여러 가지 한 그릇 메뉴에 활용하기도 좋아요.

PART 4　만들어 두면 든든한 냉동/냉장템　　홈메이드 레시피 > 선드라이 토마토

재료

방울토마토 300g
올리브오일 적당량

* 150ml 1병 분량

TIP

- 만든 당일은 그대로 먹고, 냉장하기 전에 올리브오일을 부어도 돼요.
- 오래 보관하려면 방울토마토가 잠길 정도로 올리브오일을 부어주세요.
- 유리병 열탕 소독하는 방법
  + (1) 차가운 물을 담은 냄비에 유리병을 엎어 놓고, 유리병 안에 물방울이 가득 맺힐 때까지 끓여주세요.
  + (2) 병 소독 후 불을 끄자마자 병을 꺼내고, 바로 뚜껑을 넣어 10초 이내로 뒤집어가며 소독해요.
  + (3) 물기가 없도록 완전히 건조해요.

보관 및 데우는 법

`보관`
냉장하여 2주 내 소진 권장
* 물이 묻지 않은 깨끗한 스푼을 사용하세요.

요리 순서

1　방울토마토는 꼭지를 제거하고 세로로 반 자른다.

2　단면이 위로 가게 트레이 위에 펼쳐 얹고, 120도로 예열한 오븐 또는 에어프라이어에 1시간 동안 굽는다.

3　열탕 소독한 유리병에 담고 토마토가 충분히 잠기도록 올리브오일을 붓는다.

저염 포인트
오븐에 굽기 전
토마토 위에
소금 조금 뿌리기

`응용 요리`

선드라이 토마토 리조또　90쪽

PART 5

베이커리, 디저트, 음료

아이주도식으로 먹기 좋은 다양한 핑거푸드와 빵 메뉴들

핑거푸드/빵

No 밀가루, 설탕, 베이킹파우더

돌 전 아기들도 먹기 좋은 부드러운 메뉴가 많아요.
감자, 고구마를 자주 활용해요.

358 **콩가루 감자볼**	378 **바나나빵**
360 **감자 야채 치즈볼**	380 **감자/고구마 치즈빵**
362 **아몬드 고구마스틱**	382 **애호박 치즈빵**
364 **양배추 양파볼**	384 **감자 크루아상**
366 **당근 양파볼**	386 **고구마 바나나빵**
368 **오트밀바**	388 **단호박 부추빵**
370 **아몬드 가지칩쿠키**	390 **옥수수 감자키슈**
372 **고구마 당근쿠키**	392 **바나나 요거트빵떡**
374 **브로콜리 오트밀쿠키**	394 **감자도우 쪽파 갈릭피자**
376 **단호박크로켓**	396 **고구마 바나나만주**

빵 만들 때 쌀가루는 밀가루로 대체할 수 있어요. 대체할 경우 체에 한 번 쳐서 넣어주세요.
겉에만 달걀물을 바르는 경우, 생략해도 크게 문제 없어요.
기계로 구울 때는 조리 시간 종료 5분 전에 타지 않는지 꼭 확인하세요. 필요하면 더 익히거나 온도를 조절해 주세요.
머핀틀에서 분리할 때는 손끝으로 가장자리를 빙 둘러 가며 누른 후 분리하면 더 깔끔하게 분리돼요.

콩가루 감자볼

감자로 만드는 초간단 건강 간식 메뉴

감자와 콩가루, 이 2가지만 있어도 핑거푸드 간식 메뉴를 간단히 만들 수 있어요. 구우면 손에 묻어나지 않고 보관하기도 좋지만, 바로 먹을 양만 만든다면 굳이 굽지 않아도 고소한 맛은 그대로 느낄 수 있어요.

PART 5 　베이커리, 디저트, 음료　　　　　핑거푸드/빵 > 콩가루 감자볼

재료

감자 1개(90g)
볶은 콩가루 1숟가락(8g)

* 1회 먹는 양

요리 순서

1　감자는 찜기에 쪄서 포크나 매셔로 으깬다.
2　볶은 콩가루 1숟가락을 넣고 잘 섞어, 볼 모양으로 만든다.
3　170도로 예열한 오븐 또는 에어프라이어에 5분간 굽는다.

저염 포인트

1번 과정에서 소금 조금 넣기

TIP

- 바로 먹일 것은 굽지 않고 생으로 줘도 돼요.
- 필요하면 더 익히거나 온도를 조절해 주세요.

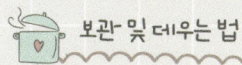
보관 및 데우는 법

보관
다 굽고, 남은 것은 냉동하여 2주 내 소진 권장

데우는 법
실온/냉장 해동 후 170도로 예열한 오븐 또는 에어프라이어에 5분간 데우거나 전자레인지 30초

감자 야채 치즈볼

채소의 감칠맛이 느껴지는 맛있는 감자빵

아이주도식 초기부터 먹을 수 있는 건강한 간식 메뉴예요. 볼 모양으로 잡고 먹기는 편하지만, 속은 찐 감자와 다름없어 아주 부드럽고 촉촉해요. 집에 흔히 있는 양파, 당근, 애호박을 넣어, 간식 하나로 다양한 채소를 섭취할 수 있어요.

PART 5　베이커리, 디저트, 음료　　핑거푸드/빵 > 감자 야채 치즈볼

재료

감자 80g
양파 20g
당근 15g
애호박 15g
쌀가루 1숟가락(10g)
아기 치즈 1/2장
채소육수 또는 물 조금

* 2회 먹는 양

요리 순서

1 감자는 찜기에 쪄서 볼에 넣고 으깬다.

2 양파, 애호박, 당근을 다진다.

3 다진 채소를 채소육수와 함께 팬에 볶는다.

4 으깬 감자에 치즈를 넣고 섞는다.

5 쌀가루를 넣어 한 번 더 섞는다.

6 볶은 채소도 넣어 섞는다.

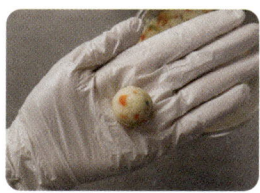

7 장갑에 기름을 살짝 묻힌 후, 반죽을 1티스푼씩 덜어 볼 모양을 만든다.

8 기름을 살짝 바른 트레이에 얹어 160도로 예열한 오븐 또는 에어프라이어에 15분간 굽는다.

저염 포인트
6번 과정에서 소금 조금 넣기

TIP

- 채소를 볶을 때 필요하면 육수 또는 물을 추가하고 바닥에 물기가 없을 때까지 볶아요.
- 기름으로 볶아도 돼요.

보관 및 데우는 법

보관
다 굽고, 남은 것은 냉동하여 2주 내 소진 권장

데우는 법
냉장/실온 해동 후 160도로 예열한 오븐 또는 에어프라이어에 5분 데우기

영상으로 보기

아몬드 고구마스틱

밀가루, 쌀가루, 달걀 없이 딱 3가지 재료로 완성

고구마, 당근, 아몬드가루, 딱 3가지만 넣고 만드는 메뉴예요. 달걀, 밀 알레르기가 있는 아기들도 걱정 없이 먹을 수 있어요. 채소 섭취를 위해서 고구마와 궁합이 좋은 당근도 다져 넣었어요. 손에 들고 먹기 좋은 스틱 형태로 돌 전 아기들이 먹어도 돼요.

PART 5　베이커리, 디저트, 음료　　　핑거푸드/빵 > 아몬드 고구마스틱

 재료

고구마 80g
당근 30g
아몬드가루 3숟가락(30g)

* 1회 먹는 양

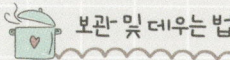 요리 순서

1 고구마는 찜기에 쪄서 볼에 넣고 으깬다.

2 당근은 감자칼로 얇게 채 썰어 다진다.

3 고구마와 아몬드가루를 섞는다.

4 당근을 추가해 섞는다.

5 장갑에 기름을 골고루 묻힌 후, 반죽을 조금씩 떼어 스틱 모양을 만든다.

6 150도로 예열한 오븐 또는 에어프라이어에 25분간 굽는다.

저염 포인트
3번 과정에서 소금 조금 넣기

 TIP

- 고구마를 너무 푹 익히지 마세요. 물컹해서 모양 잡기 힘들어요.
- 스틱 모양 만드는 게 힘들면 볼 모양으로 만들어도 돼요.

보관 및 데우는 법

보관
다 굽고, 남은 것은 냉동하여 2주 내 소진 권장

데우는 법
냉장/실온 해동 후 150도로 예열한 오븐 또는 에어프라이어에 5분 데우기

영상으로 보기

양배추 양파볼

채소 듬뿍 넣은 달콤한 핑거푸드

양배추 한 통 사면 소진하기 쉽지 않죠? 양배추랑 양파를 같이 볶으면 달콤하고
맛있는데요. 아기가 먹기 좋게 핑거푸드로 만들면 어떨까 해서 만들게 된 메뉴예요.
브로콜리도 다져 넣어 채소를 아주 듬뿍 섭취할 수 있어요.

PART 5 베이커리, 디저트, 음료   핑거푸드/빵 > 양배추 양파볼

 **재료**

양배추 100g
양파 100g
브로콜리 20g
전분가루 1/2숟가락(5g)
메추리알 1개 또는 달걀물 10g
채소육수 또는 물 조금

* 4회 먹는 양

 TIP

- 채소를 볶을 때 필요하면 육수 또는 물을 추가하고 바닥에 물기가 없을 때까지 볶아요.
- 볼 모양을 만들 때는 티스푼으로 덜어 손으로 한 번 살짝 쥐고, 양손에 번갈아 주고받으면 모양 잡기 수월해요.
- 볼을 만들 때 삐죽삐죽한 부분이 없도록 최대한 매끈하게 만들어 주세요. 튀어나오는 부분은 타기 쉬워요. 탄 부분이 생기면 가위로 잘라내세요.
- 종이호일보다 기름 바른 트레이 사용을 권장해요.
- 사진은 2배 양으로 촬영하였어요.

 보관 및 데우는 법

보관
냉장하여 2~3일, 냉동하여 2주 내 소진 권장

데우는 법
전자레인지 30초 또는 냉장/실온 해동 후 150도로 예열한 오븐 또는 에어프라이어에 3~5분 데우기

요리 순서

1 양배추는 굵은 심지를 잘라내고 잘게 썰거나 다진다.

2 양파는 채 썰어 반으로 자른다.

3 브로콜리는 데치거나 쪄서 곱게 다진다.

4 팬에 양배추, 양파, 채소육수 2숟가락을 붓고 흐물흐물해질 정도로 중약불에 10분 이상 볶는다. 마지막에 바닥에 물기가 없을 때까지 볶는다.

5 볶은 채소를 식힌 후, 브로콜리, 전분가루, 메추리알을 넣고 섞는다.

6 장갑에 기름을 살짝 묻힌 후, 반죽을 1티스푼씩 덜어 볼 모양을 만든다.

7 150도로 예열한 오븐 또는 에어프라이어에 15분간 굽는다.

저염 포인트
4번 과정에서 소금 조금 넣기

영상으로 보기

당근 양파볼

당근 반 개 뚝딱하는 달달한 채소볼

당근과 양파를 기름 없이 채소육수만 조금 넣어 볶아 볼로 만든 메뉴예요.
모양이 잡힐 정도로 최소한의 달걀과 가루만 사용해서, 말랑하고 속은 부드러운
채소볶음과 크게 다르지 않아요. 늙은 호박전처럼 달콤한 맛이 나요.

PART 5　베이커리, 디저트, 음료　　　핑거푸드/빵 > 당근 양파볼

 **재료**

당근 120g
양파 100g
전분가루 1숟가락(10g)
메추리알 1개 또는 달걀물 10g
채소육수 또는 물 약 30ml

* 2~3회 먹는 양

 TIP

- 채소를 볶을 때 필요하면 육수 또는 물을 추가하고 바닥에 물기가 없을 때까지 볶아요.
- 볼 모양을 만들 때는 손으로 한 번 꽉 뭉치고, 양손에 번갈아 주고받으면 모양 잡기 수월해요.
- 삐죽 튀어나온 부분이 없도록 최대한 매끈하게 만들어 주세요. 튀어나온 부분은 타기 쉬워요. 탄 부분이 생기면 가위로 잘라내세요.

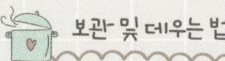 **보관 및 데우는 법**

보관
냉장하여 2~3일, 냉동하여 2주 내 소진 권장

데우는 법
전자레인지 30초 또는 냉장/실온 해동 후 150도로 예열한 오븐 또는 에어프라이어에 3~5분간 데우기

요리 순서

1 당근은 얇게 채 썰어 2~3cm 정도 길이로 자르고, 양파는 얇게 채 썰어 반으로 자른다.

2 당근과 양파에 채소육수를 붓고 흐물흐물해질 정도로 중약불에 10분 이상 볶는다. 마지막에 바닥에 물기가 없을 때까지 볶는다.

3 볶은 채소를 식힌 후, 전분가루와 메추리알을 넣고 섞는다.

4 장갑에 기름을 살짝 묻힌 후, 반죽을 1티스푼씩 덜어 볼 모양을 만든다.

5 150도로 예열한 오븐 또는 에어프라이어에 15분간 굽는다.

저염 포인트
3번 과정에서 소금 조금 넣기

영상으로 보기

오트밀바

철분 섭취에 좋은 달콤한 영양 간식

아침이나 간식으로 좋은 오트밀 메뉴예요. 바나나를 넣어 달콤하고, 견과류를 넣어 고소해요. 빵보다는 단단한 식감이고, 오트밀 특유의 쫄깃, 쫀득한 느낌이 있어요. 견과류를 씹기 어렵거나, 알레르기가 있다면 견과류를 생략해도 돼요.

PART 5　베이커리, 디저트, 음료　　　핑거푸드/빵 > 오트밀바

요리 순서

1 견과류는 잘게 부순다.

2 기름 없이 예열한 팬에 오트밀을 5분간 볶는다.

3 견과류를 넣고 1분 더 볶는다.

4 볶은 오트밀과 견과류를 체에 쳐서 가루를 제거한다.

5 바나나를 으깬 후 볶은 오트밀과 견과류를 넣어 섞는다.

6 실온에 30분 둔다.

7 기름을 바른 트레이 위에 사각형 모양으로 납작하게 펼쳐준다.

8 150도로 예열한 오븐 또는 에어프라이어에 13분간 굽는다.

9 완전히 식은 후, 바 모양으로 자른다.

 재료

오트밀 70g(종이컵 1컵)
바나나 160g
견과류 35g 선택

* 4~5회 먹는 양

 TIP

- 바나나는 껍질 벗긴 무게 기준이에요.
- 견과류를 생략할 때도 바나나와 오트밀 양은 동일하게 사용해요.
- 견과류 사용 시 아기가 씹거나 삼킬 때 불편하지 않게 꼭 잘게 부숴 주세요.
- 반죽 모양 잡을 때 나무 쟁반을 썼는데, 도구 없이 스푼이나 요리 주걱으로 형태를 잡아도 돼요.
- 종이호일보다 기름 바른 트레이 사용을 권장해요.

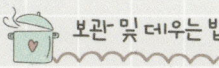 보관 및 데우는 법

보관
다 굽고, 남은 것은 냉동하여 2주 내 소진 권장

데우는 법
전자레인지 30초~1분

영상으로 보기

아몬드 가지칩쿠키

초코칩 쿠키를 닮은 가지 넣은 쿠키

가지를 안 좋아하는 단이도 아주 맛있게 먹는 가지 요리예요. 콕콕 박힌 가지가 초코칩같이 보이는 귀여운 쿠키인데요. 쿠키지만 부드럽고 많이 단단하지 않아 아기가 먹기 좋고요. 아몬드가루와 버터를 넣어서 고소하고 풍미도 좋아요.

PART 5　베이커리, 디저트, 음료　　핑거푸드/빵 > 아몬드 가지칩쿠키

재료

가지 60g
아몬드가루 45g
달걀 노른자 1개
무염 버터 10g 선택
기름 조금

* 2~3회 먹는 양(약 8개)

요리 순서

1 가지는 잘게 다진다.

2 기름을 둘러 예열한 팬에 가지를 넣고, 수분기가 충분히 없어지도록 오래 볶는다.

3 볼에 아몬드가루와 달걀 노른자, 실온에 녹인 버터를 넣고 섞는다.

4 볶은 가지를 넣고 한 번 더 섞는다.

5 뚜껑이나 랩으로 덮어, 냉장실에 30분 이상 둔다.

6 1티스푼씩 덜어 둥글납작하게 쿠키 모양으로 빚고, 160도로 예열한 오븐 또는 에어프라이어에 10분간 굽는다.

TIP

- 버터를 생략하면 맛은 덜하지만, 쿠키 모양 잡기는 더 쉬워요.
- 쿠키 모양을 만들 때 모양 잡기 힘들면, 둥근 모양만 살짝 잡아서 트레이 위에서 눌러 얇게 만들어도 돼요.
- 종이호일보다 기름 바른 트레이 사용을 권장해요.
- 더 단단하게 굽고 싶으면 뒤집어서 조금 더 구워 주세요.

저염 포인트

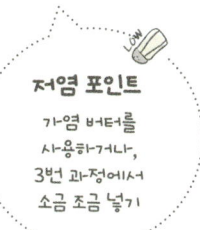
가염 버터를 사용하거나, 3번 과정에서 소금 조금 넣기

보관 및 데우는 법

보관
다 굽고, 남은 것은 냉동하여 2주 내 소진 권장

데우는 법
160도로 예열한 오븐 또는 에어프라이어에 5분 데우거나, 전자레인지 20~30초

고구마 당근쿠키

고구마를 넣어 달콤하고, 아몬드를 넣어 고소한 쿠키

달콤한 뿌리채소 두 가지로 만든 부드러운 쿠키예요. 아주 바삭한 느낌은 아니지만, 적당히 겉은 바삭하고 속은 부드러워요. 재료와 만드는 과정 모두 간단하지만, 아몬드가루와 버터를 넣어서 고소하고 풍미도 깊어요.

PART 5 베이커리, 디저트, 음료   핑거푸드/빵 > 고구마 당근쿠키

재료

- 고구마 80g
- 당근 30g
- 쌀가루 1숟가락(10g)
- 아몬드가루 2숟가락(18g)
- 무염 버터 5g 선택

* 2회 먹는 양(약 8개)

TIP

- 버터를 생략하면 맛은 덜하지만, 쿠키 모양 잡기는 더 쉬워요.
- 쿠키 모양을 만들 때 모양 잡기 힘들면, 둥근 모양만 살짝 잡아서 트레이 위에서 눌러 얇게 만들어도 돼요.
- 종이호일보다 기름 바른 트레이 사용을 권장해요.
- 더 단단하게 굽고 싶으면 뒤집어서 조금 더 구워 주세요.

보관 및 데우는 법

보관
다 굽고, 남은 것은 냉동하여 2주 내 소진 권장

데우는 법
160도로 예열한 오븐 또는 에어프라이어에 5분간 데우거나 전자레인지 20~30초

요리 순서

1 고구마는 찜기에 찌고, 당근은 감자칼로 얇게 채 썰어 다진다.

2 고구마를 볼에 넣고 으깬다.

3 고구마와 실온에 녹인 버터를 섞는다.

4 쌀가루와 아몬드가루를 넣고 섞는다.

5 당근도 넣어 섞는다.

6 장갑에 기름을 살짝 묻힌 후 1티스푼씩 덜어 둥글납작하게 쿠키 모양으로 빚고, 160도로 예열한 오븐 또는 에어프라이어에 15분간 굽는다.

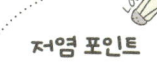

저염 포인트
가염 버터를 사용하거나, 3번 과정에서 소금 조금 넣기

영상으로 보기

브로콜리 오트밀쿠키

바나나, 오트밀, 브로콜리로 심플하게 만드는 쿠키

오트밀바의 쿠키 버전이에요. 바나나의 달콤함이 느껴져 아기가 먹기 좋고,
브로콜리를 넣어 비타민, 식이섬유 등 영양소도 섭취할 수 있어요.
기호에 따라 브로콜리 양을 추가해도 되고, 없다면 생략해도 맛에 크게 차이는 없어요.

PART 5   베이커리, 디저트, 음료   핑거푸드/빵 > 브로콜리 오트밀쿠키

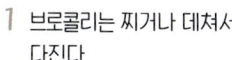

재료

바나나 70g
오트밀 35g
브로콜리 20g

* 2~3회 먹는 양(약 13개)

1 브로콜리는 찌거나 데쳐서 다진다.

2 바나나를 으깨서 오트밀, 브로콜리와 섞는다.

3 뚜껑이나 랩으로 덮어, 실온에 30분 둔다.

4 1티스푼씩 덜어 둥글납작하게 쿠키 모양으로 빚고, 150도로 예열한 오븐 또는 에어프라이어에 10분, 뒤집어서 3~5분간 굽는다.

저염 포인트

2번 과정에서 소금 조금 넣기

TIP

- 바나나는 껍질을 벗긴 무게 기준이에요.
- 견과류 15g을 부숴서 넣으면 더 맛있어요.
- 쿠키 모양을 만들 때 모양 잡기 힘들면, 둥근 모양만 살짝 잡아서 트레이 위에서 눌러 얇게 만들어도 돼요.
- 종이호일보다 기름 바른 트레이 사용을 권장해요.

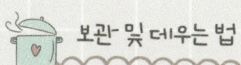
보관 및 데우는 법

[보관]
다 굽고, 남은 것은 냉동하여 2주 내 소진 권장

[데우는 법]
전자레인지 20~30초 또는 150도로 예열한 오븐 또는 에어프라이어에 3~5분간 데우기

영상으로 보기

단호박크로켓

온 가족이 함께 먹는 영양 간식/반찬

단호박은 탄수화물, 섬유질, 비타민까지 고루 갖춘 영양식이에요. 그냥 쪄도 달콤하고 부드러워 맛있지만, 크로켓으로 만들면 더 맛있어요. 빵가루 대신 아몬드가루를 입혀 아기가 먹기 좋을 만큼 부드럽고 고소해요. 미니 단호박을 사용해 만들면, 핑거푸드처럼 들고 먹기 좋아요.

PART 5 베이커리, 디저트, 음료   핑거푸드/빵 > 단호박크로켓

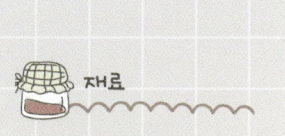

재료

미니 단호박 1/2통(160g)
전분가루 2숟가락
달걀 1개
아몬드가루 1/2컵

* 3회 먹는 양

요리 순서

1 단호박은 반을 잘라 씨를 제거하고, 전자레인지 찜기에 담아 2분간 익힌다.

2 단호박을 반달 모양으로 7~8등분한다.

3 단호박에 전분가루와 달걀물, 아몬드가루 순으로 얇게 입혀 털어준다.

4 170도로 예열한 오븐 또는 에어프라이어에 12분간 굽는다.

저염 포인트
3번 과정에서 달걀물에 소금 조금 넣기

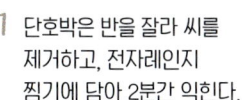

TIP

- 전분가루는 손으로 한 번 털어내 얇게 입혀 주세요. 전분가루 대신 밀가루를 써도 돼요.
- 아몬드가루도 너무 두껍게 입히면 텁텁할 수 있으니 한 번 털어내 주세요.

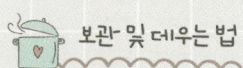

보관 및 데우는 법

[보관]
바로 먹이고 남은 것은 냉동하여 2주 내 소진 권장

[데우는 법]
전자레인지에 30초~1분 또는 170도로 예열한 오븐 또는 에어프라이어에 5~10분 데우기

바나나빵

바나나가 가득해 달콤하고 부드러운 쌀빵

바나나, 쌀가루, 달걀 딱 3가지 재료로 만든 바나나빵이에요. 재료는 심플하지만, 부드럽고 촉촉하고 달콤해서 아기가 먹기엔 딱 좋아요. 바나나 토핑 없이 구워 위에 그릭요거트를 바르고 딸기, 포도 같은 과일을 얹으면 특별한 날 미니 케이크로 활용할 수 있어요.

PART 5   베이커리, 디저트, 음료   핑거푸드/빵 > 바나나빵

 **재료**

바나나 1개
쌀가루 1숟가락(10g)
달걀 노른자 1개 또는
메추리알 3개

*2~3회 먹는 양
(머핀틀 중 사이즈 3개)

요리 순서

1 바나나는 토핑으로 올릴 3조각만 따로 잘라 빼놓고, 나머지는 볼에 담는다.

2 바나나가 담긴 볼에 달걀 노른자를 넣고 매셔나 포크로 함께 으깬다.

3 쌀가루를 넣고 날가루가 안 보일 정도로 섞는다.

4 머핀틀 3개에 반죽을 나눠 담는다.

5 토핑으로 잘라 둔 바나나를 중앙에 살짝 누르면서 얹는다.

6 160도로 예열한 오븐 또는 에어프라이어에 15분간 굽는다.

 TIP

- 바나나는 보통 크기 기준이에요.(껍질 제거 후 토핑용을 제외한 무게 120g)
- 실온에 녹인 버터 5g을 반죽에 넣으면 더 맛있어요.
- 아몬드가루를 한 숟가락 추가해도 맛있고, 시나몬파우더를 조금 뿌려도 잘 어울려요.

저염 포인트
3번 과정에서
소금 조금 넣기

영상으로 보기

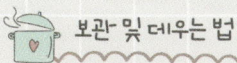 **보관 및 데우는 법**

[보관]
다 굽고, 남은 것은 냉동하여 2주 내 소진 권장

[데우는 법]
전자레인지 1분

[응용 요리]

바나나 요거트 케이크

빵 윗면에 그릭요거트를 바르고, 반 자른 딸기 또는 다른 과일을 얹어요. 생일 같은 특별한 날 만들어 보세요.
(빵 위 바나나 토핑은 미리 빼고 만들거나, 케이크 만들기 전 떼어내요.)

감자/고구마 치즈빵

간단한 아침으로도 좋은 든든하고 맛있는 치즈빵

고소한 맛이 매력적인 치즈빵 레시피예요.

감자 또는 고구마를 주재료로 만들어 밥 없이도 든든하고, 탄수화물을 섭취하기 좋아요.

간단한 재료로 만들었지만, 소금 간만 조금 하면 어른이 먹어도 맛있어요.

PART 5   베이커리, 디저트, 음료   핑거푸드/빵 > 감자/고구마 치즈빵

재료

감자 또는 고구마 90g
쌀가루 1숟가락(10g)
아기 치즈 1장
달걀 1개

* 2~3회 먹는 양
(머핀틀 중 사이즈 4개)

TIP

- 감자와 고구마를 전자레인지로 익히는 대신 끓는 물에 부서지지 않을 정도로 익혀도 돼요.
- 치즈는 5x5로 잘라, 치즈끼리 달라붙지 않게 2번 나누어서 뿌리고 섞었어요.

보관 및 데우는 법

 **보관**
다 굽고, 남은 것은 냉동하여 2주 내 소진 권장

 **데우는 법**
전자레인지 1분

요리 순서

1 감자/고구마는 깨끗이 씻어 껍질을 벗긴 후 0.8cm 크기로 깍둑썬다.

2 감자/고구마를 찬물에 10분간 담갔다가, 물에 두어 번 헹궈 전분기를 제거한다.

3 전자레인지 찜기에 감자/고구마를 담고 절반 정도 잠기도록 물을 부어 전자레인지로 익힌 후(감자는 2분, 고구마는 3분), 물은 따라내고 식혀준다.

4 볼에 달걀을 풀고, 감자/고구마를 넣어 한 번 가볍게 섞는다.

5 쌀가루를 넣어 날가루가 안 보일 정도로만 섞어준다.

6 작게 자른 치즈를 넣어 한 번 더 섞는다.

7 머핀틀에 1/3~1/4 정도 차도록 반죽을 담는다.

8 150도로 예열한 오븐 또는 에어프라이어에 20분간 굽는다.

저염 포인트
4번 과정에서 소금 조금 넣기

영상으로 보기

애호박 치즈빵

비타민 듬뿍 달콤한 애호박을 넣은 치즈빵

애호박과 양파를 볶으면 다른 재료 없이도 달콤하고 맛있는데요. 빵 속재료로 넣고 치즈를 더하면 훌륭한 영양 간식이 돼요. 촉촉하고 부드러운 식감으로 채소를 작게 다져서 만들고, 밀가루도 사용하지 않아서 돌 전 아기들이 먹어도 괜찮아요.

PART 5 베이커리, 디저트, 음료   핑거푸드/빵 > 애호박 치즈빵

요리 순서

 **재료**

애호박 80g
양파 40g
쌀가루 1숟가락(10g)
아기 치즈 1장
달걀 1개
기름 조금

* 2~3회 먹는 양
(머핀틀 중 사이즈 4개)

1 애호박과 양파는 다진다.

2 기름을 둘러 예열한 팬에 애호박과 양파를 볶는다.

3 달걀을 볼에 풀어, 볶은 채소를 넣고 섞는다.

4 쌀가루를 넣고 날가루가 안 보일 정도로 섞는다.

5 작게 자른 치즈를 넣어 한 번 더 섞는다.

6 머핀틀의 1/3~1/4 높이까지 반죽을 붓고, 안에 공간이 남지 않도록 살짝 내리친다.

7 150도로 예열한 오븐 또는 에어프라이어에 15분간 굽는다.

 TIP

- 치즈는 5x5로 잘라 치즈끼리 달라붙지 않게 2번 나누어서 뿌리고 섞었어요.
- 돌 전 아기는 채소 볶을 때 기름을 아주 조금만 쓰거나, 채소육수 또는 물로 볶아 주세요. 물볶음을 할 때는 바닥에 물기가 없을 때까지 볶아주세요.

보관 및 데우는 법

[보관]
다 굽고, 남은 것은 냉동하여 2주 내 소진 권장

[데우는 법]
전자레인지 1분

저염 포인트
3번 과정에서 소금 조금 넣기

감자 크루아상

감자와 채소를 넣고 만든 귀여운 미니 크루아상

앙증맞은 크기의 크루아상이에요. 치즈를 넣은 감자 반죽에 쌀가루만 조금 넣어 크루아상 모양을 만들었어요. 다른 감자빵과 마찬가지로 속은 찐 감자와 비슷한 식감이고, 채소볶음이 감칠맛을 더해줘요.

PART 5 베이커리, 디저트, 음료 핑거푸드/빵 > 감자 크루아상

요리 순서

재료

- **감자** 80g
- **양파** 30g
- **당근** 30g
- **쌀가루** 1숟가락(10g)
- **아기 치즈** 1/2장
- **채소육수 또는 기름** 조금
- **달걀 노른자** 1개 또는 무염 버터 조금

* 1~2회 먹는 양

TIP

- 채소를 볶을 때 필요하면 육수 또는 물을 추가하고 바닥에 물기가 없을 때까지 볶아요.
- 반죽을 펼 때 유리컵을 사용했어요. 밀대도 좋고 다른 둥근 도구도 좋아요.
- 달걀물을 만들 때 달걀 노른자만 쓰거나, 달걀 1개 다 푼 것을 사용해도 돼요. 알레르기가 있다면 실온에 녹인 버터를 발라주세요.

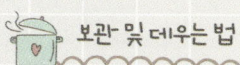
보관 및 데우는 법

보관
다 굽고, 남은 것은 냉동하여 2주 내 소진 권장

데우는 법
실온/냉장 해동 후 오븐 또는 에어프라이어에 160도로 5분 데우기

1 양파와 당근을 다진다.

2 다진 채소를 담은 팬에 채소육수를 조금 붓고 익을 때까지 볶는다.

3 감자는 얇게 잘라서 전자레인지 찜기에 넣고 물을 조금 부어 3분 돌린 후, 물은 따라낸다.

4 감자를 으깬 후 치즈를 넣고 섞는다.

5 쌀가루를 넣어 한 번 더 섞는다.

6 볶은 채소도 넣어 섞는다.

7 종이호일이나 트레이 위에 쌀가루를 조금 뿌린 후 뭉친 반죽을 얹는다.

8 밀대나 컵 등을 사용해 반죽을 네모 모양으로 얇게 편다.

9 긴 삼각형 모양으로 잘라 넓은 부분에서 좁은 쪽으로 돌돌 말아준다.

10 기름 바른 트레이에 반죽을 얹고, 달걀 노른자 섞은 것 또는 무염 버터 녹인 것을 반죽 윗면에 바른다.

11 160도로 예열한 오븐 또는 에어프라이어에 20분간 굽는다.

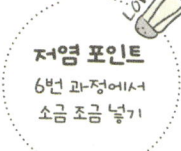
저염 포인트
6번 과정에서 소금 조금 넣기

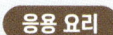
응용 요리 감자 치즈 도넛

같은 반죽으로 도넛 모양을 만들어 구워도 돼요.
둥글납작하게 빚은 후 손가락으로 중앙에 구멍을 내 다듬어 주세요.

영상으로 보기

고구마 바나나빵

Ver1

변비에 좋은 달콤하고 부드러운 쌀빵

달콤하고 부드럽고 든든해, 아기들 간단한 간식으로 딱이에요. 두 재료 모두 식이섬유가 풍부해 변비를 예방하는 데 도움을 줘요. 아몬드가루는 생략해도 되지만 넣으면 더 고소해요. 넉넉히 만들어 냉동해 두셔도 돼요.

PART 5 베이커리, 디저트, 음료　　　핑거푸드/빵 > 고구마 바나나빵

**재료**

고구마 50g
바나나 1개
쌀가루 1숟가락(10g)
달걀 1개
아몬드가루 1숟가락(9g) 선택

* 2~3회 먹는 양
(머핀틀 중 사이즈 4~5개)

요리 순서

1 고구마는 찜기에 찐다.

2 바나나는 토핑으로 올릴 4~5조각만 따로 잘라 빼놓고, 나머지는 볼에 담는다.

3 바나나가 담긴 볼에 고구마와 달걀도 넣고 매셔나 포크로 함께 으깬다.

4 쌀가루와 아몬드가루를 넣고 날가루가 안 보일 정도로 섞는다.

5 머핀틀의 1/3~1/4 높이까지 반죽을 붓는다.

6 토핑으로 잘라 둔 바나나를 중앙에 살짝 누르면서 얹는다.

7 150도로 예열한 오븐 또는 에어프라이어에 20~25분간 굽는다.

저염 포인트
4번 과정에서 소금 조금 넣기

TIP

- 바나나는 보통 크기 기준이에요.(껍질 제거 후 토핑용을 제외한 무게 120g)
- 실온에 녹인 버터 5g을 반죽에 넣으면 더 맛있어요.
- 시나몬 파우더도 잘 어울려요.
- 필요하면 더 익히거나 온도를 조절해 주세요.

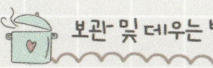**보관 및 데우는 법**

[보관] 다 굽고, 남은 것은 냉동하여 2주 내 소진 권장

[데우는 법] 전자레인지 1분

다른 버전 레시피

고구마 바나나빵

고구마 90g　　**바나나** 50g　　**달걀** 1개

Ver2

1. 찐 고구마와 바나나를 볼에 담고 으깬다.
2. 달걀을 넣고 잘 섞는다.
3. 전자레인지 찜기에 붓고 2분간 돌린 후 젓가락으로 중앙을 찔러 익었는지 확인한다.

- 으깰 때 너무 곱게 으깨지 않아도 돼요.
- 젓가락으로 찔렀을 때 묻어 나오면 덜 익은 거니 30초만 더 돌려보세요.
- 아몬드가루를 1숟가락 추가해도 좋아요.

단호박 부추빵

부추 향이 은은하게 나는 담백한 단호박 빵

달달한 단호박과 향긋한 부추는 맛 궁합이 좋아서, 빵으로 만들어도 잘 어울려요.
일반 단호박을 사용해도 되는데, 밤호박철에는 밤호박으로 만들어도 맛있어요.
부추 향이 강할까 봐 걱정되시면, 처음 만들 땐 조금 줄여 만들어 보세요.

PART 5   베이커리, 디저트, 음료   핑거푸드/빵 > 단호박 부추빵

 재료

단호박 1/4개
(씨 제거 후 150g)
부추 10g
쌀가루 1숟가락(10g)
달걀 1개

* 2~3회 먹는 양
(머핀틀 중 사이즈 3개)

 TIP

- 단호박은 전자레인지에 조리하고 껍질 제거 후 95g 기준이에요.
- 미니 단호박을 사용할 경우 전자레인지에 2분만 돌려주세요.
- 전자레인지 찜기에 따라 필요하면 물을 조금 부어 주세요.

 보관 및 데우는 법

[보관]
다 굽고, 남은 것은 냉동하여 2주 내 소진 권장

[데우는 법]
전자레인지 1분

요리 순서

1 단호박은 반 잘라 숟가락으로 씨를 파낸 후, 다시 반으로 자른다.

2 단호박을 전자레인지 찜기에 담아 3분간 돌린다.

3 칼로 단호박 껍질을 벗겨 0.8cm 크기로 깍둑썰고, 부추는 1cm 길이로 자른다.

4 볼에 달걀을 풀고, 단호박과 부추를 넣어 가볍게 섞는다.

5 쌀가루를 넣어 날가루가 안 보일 정도로만 섞어준다.

6 머핀틀 3개에 나눠 담는다.

7 150도로 예열한 오븐 또는 에어프라이어에 15분간 굽는다.

저염 포인트
4번 과정에서 소금 조금 넣기

옥수수 감자키슈

고소한 감자 빵 반죽 속에 옥수수 달걀 필링이 가득

찐 감자로 빵의 겉부분을 만들고, 달걀물로 속을 채운 빵이에요. 달걀물에 초당옥수수와 파프리카를 넣어 달콤하고 영양가도 더 높아요. 파프리카 대신 집에 있는 채소를 볶아서 넣어도 돼요. 유제품을 못 먹는 아기면 치즈는 생략하세요.

PART 5   베이커리, 디저트, 음료   핑거푸드/빵 > 옥수수 감자키슈

 재료

감자 80g
옥수수 40g
파프리카 20g
쌀가루 1숟가락(10g)
아기 치즈 1장
달걀 1개

* 2~3회 먹는 양
(머핀틀 중 사이즈 4개)

요리 순서

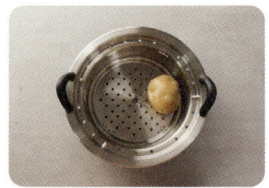
1 감자는 찜기에 찐다.

2 옥수수는 쪄서 알을 분리하고, 파프리카는 다진다.

3 찐 감자는 으깨고 쌀가루와 반죽한 후 4덩이로 나눈다.

4 둥글고 오목한 모양으로 만들어 머핀틀 중앙에 얹고, 돌려가며 손으로 눌러 머핀틀에 밀착시킨다.

5 달걀을 볼에 풀어, 옥수수와 파프리카를 넣고 섞는다.

6 작게 자른 치즈를 넣어 한 번 더 섞은 후 감자 반죽 위에 나누어 담는다.

7 150도로 예열한 오븐 또는 에어프라이어에 20분간 굽는다.

저염 포인트
3번, 5번 과정에서 소금 조금 넣기

 TIP

- 파프리카는 양파 30g 볶은 것으로 대체해도 돼요.
- 초당옥수수를 사용했어요. 스위트콘으로 대체하려면, 한 번 데치는 게 좋아요.
- 머핀틀에 감자 반죽을 밀착시킬 때는 최대한 두께를 얇게 해야 높이가 높아져서 속을 많이 채울 수 있어요.

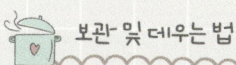 보관 및 데우는 법

보관
다 굽고, 남은 것은 냉동하여 2주 내 소진 권장

데우는 법
실온/냉장 해동 후 160도로 예열한 오븐 또는 에어프라이어에 5분 데우거나, 전자레인지 1분

영상으로 보기

바나나 요거트빵떡

바나나, 그릭요거트, 쌀가루만 사용하는 No 달걀 레시피

바나나의 달콤함이 그대로 느껴지는 건강한 간식 메뉴예요. 달걀 없이 바나나, 그릭요거트, 쌀가루 단 3가지 재료로 만들고요. 빵과 떡의 중간 정도 되는 쫀득한 식감이라 빵떡이라 이름 지었어요. 가장자리 부분은 특히 쫄깃하고 맛있어요.

PART 5   베이커리, 디저트, 음료   핑거푸드/빵 > 바나나 요거트빵떡

 **재료**

바나나 1개
그릭요거트 40g
쌀가루 4숟가락(40g)
기름 조금

* 2~3회 먹는 양
(머핀틀 중 사이즈 5개)

요리 순서

1 바나나는 토핑으로 올릴 5조각만 따로 잘라 빼놓고, 나머지는 으깬다.

2 으깬 바나나와 요거트를 섞는다.

3 쌀가루를 넣어 날가루가 안 보이도록 섞는다.

4 기름을 바른 머핀틀에 약 1.2cm 높이로 반죽을 붓는다.

5 토핑으로 잘라 둔 바나나를 중앙에 살짝 누르면서 얹어준다.

6 150도로 예열한 오븐 또는 에어프라이어에 30분간 굽는다.

7 한 김 식혀 틀에서 분리한 후, 머핀틀에 비스듬히 뒤집어 담은 후 5분 더 굽는다.

 TIP

- 바나나는 보통 크기 기준이에요.(껍질 제거 후 토핑용을 제외한 무게 120g)
- 반죽은 머핀틀의 1/3을 넘지 않게 담아주세요. 많이 부어서 빵이 두꺼워지면 맛이 덜해요.
- 머핀틀에서 분리할 때는 손끝으로 가장자리를 빙 둘러가며 누른 후 분리하면 더 깔끔하게 분리돼요.

저염 포인트
3번 과정에서 소금 조금 넣기

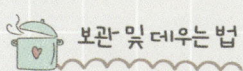 **보관 및 데우는 법**

보관
다 굽고, 남은 것은 냉동하여 2주 내 소진 권장

데우는 법
냉장 또는 실온 해동 후 150도로 예열한 오븐에 5분, 뒤집어 5분

영상으로 보기

감자도우 쪽파 갈릭피자

귀여운 피자 모양의 감자 마늘빵

단이가 좋아하는 감자 마늘빵이에요. 피자 모양으로 만든 귀여운 메뉴죠.
감자 도우에 버터와 쪽파, 마늘로 간단히 소스를 만들어 얹고, 아기 치즈까지 얹어주면
완성이에요. 감자 도우는 가루를 최소한으로 넣어 찐 감자와 식감이 비슷해요.

PART 5   베이커리, 디저트, 음료   핑거푸드/빵 > 감자도우 쪽파 갈릭피자

요리 순서

재료

감자 80g
쪽파 8g
다진 마늘 1/2티스푼(2g)
무염 버터 5g
쌀가루 1숟가락(10g)
아기 치즈 1/2장 또는 1/4장

* 1회 먹는 양

1 감자는 찜기에 쪄서 으깬 후 쌀가루와 섞는다.

2 쪽파는 얇게 송송 썰고 다진 마늘도 준비한다.

3 장갑에 기름을 묻혀, 지름 13cm 이내 반죽을 둥글납작하게 빚고, 종이호일 위에 얹어 가장자리를 매끈하게 다듬는다.

4 버터를 전자레인지에 20초 돌려 녹인다.

5 버터 담은 접시에 다진 마늘과 쪽파를 넣어 섞은 후, 전자레인지에 30초간 돌린다.

6 5를 한 번 더 섞은 후, 감자 반죽 위에 가장자리 1cm만 남기고 고르게 펼친다.

7 아기 치즈 1/2장 또는 1/4장을 자르거나 손으로 뜯어서 얹는다.

8 150도로 예열한 오븐 또는 에어프라이어에 10~13분간 굽는다.

TIP

• 반죽을 너무 얇고 크게 만들면, 버터가 스며들어 흐물거릴 수 있어요. 지름 13cm 이내로 만들어 주세요.

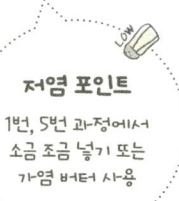

저염 포인트
1번, 5번 과정에서 소금 조금 넣기 또는 가염 버터 사용

영상으로 보기

고구마 바나나만주

고구마 빵 반죽에 바나나 조각을 통째로 넣은 만주

빵 속에 팥 앙금 대신 바나나 조각을 통째로 넣으면 어떨까 해서 만든 메뉴예요. 겉은 찐 밤고구마와 맛과 식감이 거의 비슷해서 좀 심심한가 싶은데, 달콤한 바나나가 씹히니까 잘 어울려요. 고구마를 너무 푹 익히지 않아야 만주 모양을 만들 수 있어요.

PART 5 　베이커리, 디저트, 음료　　　핑거푸드/빵 > 고구마 바나나만주

 **재료**

고구마 80g
바나나 1/2개
쌀가루 1숟가락(10g)
달걀 1개 또는
메추리알 2개 선택

* 2회 먹는 양(4개 분량)

 TIP

- 고구마를 찜기로 익힌다면 푹 익히지 않고 밤고구마 식감으로 적당히 익혀 주세요.
- 바나나를 감쌀 때 갈라진 부분은 살짝 꼬집듯이 성형하고 손으로 톡톡 두드려 매끈하게 만들어 주면 돼요.
- 달걀물을 생략하면 갈라짐이 있을 수 있어요. 실온에 녹인 버터로 대체해도 돼요.

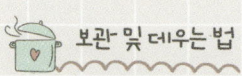 **보관 및 데우는 법**

[보관]
다 굽고, 남은 것은 냉동하여 2주 내 소진 권장

[데우는 법]
전자레인지 30초

요리 순서

1 고구마는 얇게 썰어 전자레인지 찜기에 담고, 물을 조금 부어 3분간 돌린다.(2분 뒤 한 번 섞고 1분 추가)

2 바나나를 1~1.2cm 두께로 4조각 자른다.

3 찜기의 물은 따라내고, 익힌 고구마만 볼에 담아 으깬다.

4 볼에 쌀가루를 넣고 반죽한다.

5 4등분한 반죽을 손바닥으로 납작하게 누르고, 바나나 조각을 얹어 감싸준다.

6 달걀을 풀어 달걀물을 만들고 반죽 윗면, 옆면에 발라준다.

7 150도로 예열한 오븐 또는 에어프라이어에 15~20분간 굽는다.

저염 포인트
4번 과정에서 소금 조금 넣기

영상으로 보기

카페에 온 듯 근사한 아기 디저트 메뉴

디저트/음료

No 설탕, 건강하고 맛있는 간식

아이스크림 대신 그릭 곶감, 과일주스 대신 스무디볼을 주세요.
아기의 호기심을 자극할 수 있는 음식들이에요.

400 **검은깨 바나나 스무디볼**

402 **그릭 곶감**

검은깨 바나나 스무디볼

어른이 먹어도 맛있는 달콤하고 든든한 한 그릇

맛 궁합이 좋은 바나나와 그릭요거트에 몸에 좋은 검은깨까지 더해 스무디를 만들었어요.
여기에 과일과 견과류까지 듬뿍 얹어주면 달콤한 간식, 가벼운 아침 한 끼가 돼요.
검은깨가 없다면 생략해도 맛은 크게 다르지 않고, 취향껏 토핑 종류를 변경해도 괜찮아요.

PART 5 베이커리, 디저트, 음료   디저트/음료 > 검은깨 바나나 스무디볼

재료

바나나 1개
우유 4숟가락
그릭요거트 25g
(1숟가락 듬뿍)
검은깨 1티스푼(3g) 선택

[토핑]
견과류 10g
블루베리 20g

* 1회 먹는 양

요리 순서

1 견과류는 잘게 부순다.

2 검은깨도 절구로 갈아준다.

3 바나나는 토핑으로 쓸 4조각을 빼두고 나머지는 갈기 좋게 자른다.

4 바나나와 요거트, 우유, 검은깨를 믹서에 넣고 갈아준다.

5 4를 볼에 담고 토핑으로 블루베리와 견과류, 남은 바나나 조각을 얹는다.

TIP

• 바나나가 작으면 우유, 요거트 양을 줄이고, 크면 갈아보고 추가해 주세요.

• 토핑은 자유롭게 변경해도 돼요.

영상으로 보기

그릭 곶감

아이스크림보다 더 맛있는 시원한 수제 간식

달콤한 곶감 속에 그릭요거트와 견과류를 채운 메뉴예요. 아이스크림에 호기심을 보이는
아기라면, 시판 아이스크림 대신 시원한 수제 간식으로 이 메뉴를 만들어 주세요.
넉넉히 만들어 같이 드셔도 좋아요.

PART 5   베이커리, 디저트, 음료   디저트/음료 > 그릭 곶감

 재료

곶감 1개
그릭요거트 30g
견과류 10g

* 1~2회 먹는 양

요리 순서

1 실온에 해동한 냉동 곶감은 꼭지 부분을 위로 당겨 가위로 잘라내고, 속에 씨가 있으면 제거한다.

2 견과류는 절구로 잘게 부순다.

3 견과류와 그릭요거트를 잘 섞는다.

4 버터나이프나 티스푼으로 곶감 속에 요거트를 채운다.

5 랩으로 싼 후 2시간 이상 냉동한다.

6 자른 후 부드럽게 녹으면 접시에 담는다.

 TIP

- 견과류는 아몬드, 호두, 땅콩 등 아무거나 괜찮아요.
- 견과류를 부술 때 절구가 없다면 지퍼백에 넣어 부숴도 돼요.
- 어느 정도 단단하게 냉동되어야 자를 때 뭉개지지 않아요.

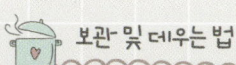 보관 및 데우는 법

보관
냉동하여 2주 내 소진 권장

데우는 법
자연해동으로 살짝 녹이기

PART 6

단맘이 고른

생일/감기/변비

상황별 추천 메뉴

생일상에 빠질 수 없는 다양한 음식들과
아플 때 먹으면 좋은 영양 가득 메뉴까지 모두 담았어요.

생일상

영양 찰밥 44쪽

경상도에서는 생일에 팥을 넣은 찹쌀밥을 해먹어요.
찰기가 있어 그냥 밥만 먹어도 쫀득쫀득 맛있어요.

소고기미역국 308쪽

소고기 다짐육을 넣어 오래 끓이지 않아도
부드럽고 육수도 잘 우러나요.

소불고기 326쪽

생일상에 빼놓을 수 없는 불고기.
배, 양파 소스에 숙성해 살짝 달달하게 만들어요.

PART 5 상황별 추천 메뉴

단이 생일에 차려주었던 식판이에요.
찹쌀밥에 미역국, 잡채, 불고기, 전까지 생일상에 오르는
메뉴들만 모아 준비했어요. 원하는 메뉴만 골라서 준비해도 되고,
몇 가지는 전날 미리 준비해도 돼요.

버섯 잡채 222쪽

소고기와 채소를 듬뿍 넣은 잡채예요.
돌 아기라면 재료를 더 작게 잘라 만들어 주세요.

새송이전 236쪽

전 종류도 하나 있으면 좋을 것 같아
간단하게 만들 수 있는 메뉴로 준비했어요.
간단하지만 맛있어요.

삼색나물 154쪽

기본 나물인 무, 시금치, 콩나물이에요.
간을 하지 않고 참기름 또는 들기름,
들깻가루, 깨 등으로 맛을 냈어요.

바나나 요거트 케이크 379쪽

바나나빵 또는 고구마 바나나빵 윗면에 그릭요거트를 바르고,
반 자른 딸기를 얹어 만들어요. 다른 과일을 얹어도 돼요.
※ 빵은 바나나 토핑 없이 굽거나, 떼어내고 만들어요.

감기 걸렸을 때

소고기 애호박죽 134쪽

애호박에는 감기에 좋은 비타민C가 듬뿍 들어 있거든요.
소고기와 볶아 간단히 죽을 만들면 든든하게 먹기 좋아요.

새우 팽이 달걀덮밥 106쪽

전분물을 넣은 촉촉한 덮밥이에요. 달걀, 팽이버섯 등
부드럽게 씹히는 재료 위주로 사용해요.

순두부 누룽지죽 138쪽

누룽지에는 단당류가 있어 소화가 잘 돼요.
순두부로 단백질 섭취까지 챙겨줘요.

PART 5 상황별 추천 메뉴

감기에 걸리면 아기들도 어른처럼 입맛 없고 밥 먹기 힘들어 하더라구요. 그럴 땐 면역력에 좋은 채소를 듬뿍 넣은 한그릇 요리 만한 게 없죠. 목이 아파 음식을 삼키기 힘든 아이들도 잘 먹을 수 있는 부드러운 메뉴들로 모아 봤어요.

토마토 채소수프 296쪽

새콤달콤한 토마토는 입맛을 돋우기 좋은데요.
면역력을 높이는 데도 도움을 줘요.

단호박 당근 퓌레 302쪽

채소 본연의 달콤함이 느껴지는 퓌레예요.
비타민이 풍부한 단호박, 당근과
목감기에 좋은 배까지 넣었어요.

변비 걸렸을 때

고구마 브로콜리 그라탕 270쪽

고구마와 브로콜리는 식물성 섬유를 많이 함유한 채소로,
변비에 좋아요.

시금치 달걀말이밥 52쪽

잎채소도 변비에 좋거든요.
시금치에 함유된 양질의 식이섬유는 장 건강에 좋아요.

소고기 오트밀죽 130쪽

백미보다는 오트밀, 현미와 같은 통곡물에 식이섬유가 훨씬 많아요.
변비에 도움을 줘요.

PART 5 상황별 추천 메뉴

변비에 걸려서 고생하는 아기라면, 식이섬유가 풍부한 재료로 요리해 주는 것이 좋아요. 채소와 과일, 물을 충분히 섭취할 수 있도록 도와주세요. 변비에 좋은 과일로는 사과, 배, 프룬(자두) 등이 있어요.

사과 연근 샐러드 182쪽

사과에는 식물성 섬유질인 펙틴이 많아요.
연근의 섬유질과 뮤신 성분도 배변 활동을 도와줘요.

미역 두부전 240쪽

미역 같은 해조류에는 알긴산이 풍부해 변비 예방에 좋아요.
두부를 넣고 부드러운 전으로 만들어 보세요.

찾아보기

재료별 메뉴 찾기

육류/달걀/두부

소고기

소고기콩나물밥	038
알배추말이밥	048
소고기지단김밥	058
소고기두부주먹밥	066
소고기양배추주먹밥	068
구운치즈주먹밥	072
소고기브로콜리주먹밥	074
소고기옥수수밥깻잎전	080
소고기버섯들깨리조또	086
선드라이토마토리조또	090
소고기옥수수치즈밥	094
소고기브로콜리치즈밥	096
소고기알배추팽이덮밥	104
소고기가지덮밥	108
소고기애호박덮밥	110
소고기무나물덮밥	118
소고기버섯덮밥	120
소고기양배추두부덮밥	122
토마토마파두부덮밥	126
소고기오트밀죽	130
소고기애호박죽	134
소고기누룽지탕	136
소고기알배추볶음	174
함박파프리카전	218
파프리카팍시	220
버섯잡채	222
소고기다짐육전	232
감자타코	272
코티지파이	284
소고기뭇국	306
소고기미역국	308
함박스테이크	318
소불고기	326
라구소스	338

돼지고기

당근등갈비찜	210
토마토등갈비찜	212
돼지고기부추전	226
아몬드스틱돈가스	322

닭고기

닭고기토마토밥	042
닭백숙리조또	092
오야꼬동	112
카레같은단호박덮밥	124
닭다리파우더구이	208
밤치킨수프	300
닭다리백숙	320
닭고기스테이크	324
토마토닭불고기	328
고구마닭고기소시지	330

달걀

배추전말이밥	050
시금치달걀말이밥	052
소고기지단김밥	058
밥새우달걀주먹밥	062
브로콜리달걀볶음밥	100
새우팽이달걀덮밥	106
오야꼬동	112
황태달걀죽	132
단호박스크램블에그	170
순두부스크램블에그	172
감자달걀찜	176
두부달걀말이	180

가자미

가자미알배추찜	204
가자미까스	206
가자미전	254
수제어묵	332

새우

쪽파새우리조또	084
새우흑임자리조또	088
새우팽이달걀덮밥	106
토마토새우덮밥	114
새우누룽지죽	140
연근새우전	234
네모애호박전	238
오코노미야끼	250
두부새우랑땡	260
수제어묵	332

두부

소고기두부주먹밥	066
소고기양배추두부덮밥	122
토마토마파두부덮밥	126
순두부누룽지죽(순두부)	138
두부팽이버섯조림	153
김두부스틱	166
순두부스크램블에그(순두부)	172
두부들기름버무리	178
두부달걀말이	180
연두부고구마매쉬(연두부)	184
브로콜리검은깨두부무침	192
바나나두부강정	214
미역두부전	240
두부새우랑땡	260
순두부버섯들깨탕(순두부)	304
콩가루두부마요네즈	346

채소 및 기타 재료

가지

소고기가지덮밥	108
아몬드가지칩쿠키	370

감자

토마토감자조림덮밥	116
감자달걀찜	176
브로콜리감자전	230
감자부추전	242
감자파프리카전	248
감자랑땡	258

애호박감자오믈렛	266
감자그라탱	268
감자타코	272
코티지파이	284
양파링감자크로켓	288
애호박수프	292
당근감자수프	294
콩가루감자볼	358
감자야채치즈볼	360
감자/고구마치즈빵	380
감자크루아상	384
옥수수감자키슈	390
감자도우쪽파갈릭피자	394

고구마

뿌리채소밥	036
연두부고구마매쉬	184
연근고구마범벅	198
고구마브로콜리그라탱	270
고구마떡볶이	274
브로콜리고구마치즈호떡	282
고구마밤수프	298
밤치킨수프	300
고구마닭고기소시지	330
아몬드고구마스틱	362
고구마당근쿠키	372
감자/고구마치즈빵	380
고구마바나나빵	386
고구마바나나만주	396

깻잎

소고기옥수수밥깻잎전	080
새송이깻잎전	236
우엉깻잎전	252

단호박

카레같은단호박덮밥	124
단호박스크램블에그	170
당근단호박떡볶이	278
단호박당근퓌레	302
단호박크로켓	376
단호박부추빵	388

당근

당근치즈김밥 ver1	054
당근치즈김밥 ver2	056
당근멸치주먹밥	064
사과당근조림	152
브로콜리줄기당근볶음	196
당근등갈비찜	210
당근치즈전	228
당근곶감전	256
당근단호박떡볶이	278
당근감자수프	294
단호박당근퓌레	302
당근양파볼	366
고구마당근쿠키	372

무

소고기무나물덮밥	118
찐무	149
무표고버섯조림	152
들깨무나물	157
소고기뭇국	306

미역

미역두부전	240
소고기미역국	308

바나나

바나나두부강정	214
시금치바나나팬케이크	286
오트밀바	368
브로콜리오트밀쿠키	374
바나나빵	378
고구마바나나빵	386
바나나요거트빵떡	392
고구마바나나만주	396
검은깨바나나스무디볼	400

버섯
(레시피와 다른 버섯 종류로 대체 가능)

모둠버섯밥	034
소고기버섯들깨리조또	086
소고기알배추팽이덮밥	104
새우팽이달걀덮밥	106
소고기버섯덮밥	120
찐팽이버섯들깨무침	147
무표고버섯조림	152
두부팽이버섯조림	153
양송이치즈조림	162
버섯잡채	222
새송이전	236
새송이깻잎전	236
순두부버섯들깨탕	304

부추

돼지고기부추전	226
감자부추전	242
단호박부추빵	388

브로콜리

소고기브로콜리주먹밥	074
브로콜리치즈밥전	078
소고기브로콜리치즈밥	096
브로콜리달걀볶음밥	100
브로콜리치즈조림	163
브로콜리갈릭버터구이	168
브로콜리검은깨두부무침	192
브로콜리줄기당근볶음	196
브로콜리감자전	230
고구마브로콜리그라탱	270
브로콜리고구마치즈호떡	282
브로콜리오트밀쿠키	374

사과

사과당근조림	152
사과연근샐러드	182
사과오이무침	194
사과파프리카김치	200
파프리카소스&장	340
수제케첩	344
무설탕피클	348

시금치

시금치달걀말이밥	052
시금치나물	155
시금치배추전	244
시금치바나나팬케이크	286

알배추

알배추말이밥	048
배추전말이밥	050
소고기알배추팽이덮밥	104
찐알배추	148
소고기알배추볶음	174
가자미알배추찜	204
시금치배추전	244

애호박

애호박밥새우주먹밥	070
애호박치즈밥	098
소고기애호박덮밥	110
소고기애호박죽	134
애호박나물	158
애호박치즈조림	161
네모애호박전	238
애호박치즈전	246
애호박감자오믈렛	266
애호박수프	292
애호박치즈빵	382

양배추

소고기양배추주먹밥	068
오야꼬동	112
소고기양배추두부덮밥	122
오코노미야끼	250
양배추양파볼	364

연근

뿌리채소밥	036
사과연근샐러드	182
연근아몬드들깨무침	190
연근고구마범벅	198
연근크로켓	216
연근새우전	234

오트밀

소고기오트밀죽	130
오트밀바	368
브로콜리오트밀쿠키	374

옥수수

초당옥수수밥	040
소고기옥수수밥깻잎전	080
소고기옥수수치즈밥	094
초당옥수수콘샐러드	186
옥수수감자키슈	390

우엉

뿌리채소밥	036
우엉깻잎전	252

쪽파

쪽파새우리조또	084
감자도우쪽파갈릭피자	394

콩나물

소고기콩나물밥	038
콩나물무침	156

토마토(방울토마토 포함)

닭고기토마토밥	042
선드라이토마토리조또	090

토마토새우덮밥	114
토마토감자조림덮밥	116
토마토마파두부덮밥	126
토마토등갈비찜	212
토마토떡국	280
토마토채소수프	296
토마토닭불고기	328
라구소스	338
만능토마토소스	342
수제케첩	344
선드라이토마토	352

파프리카

구운파프리카	188
사과파프리카김치	200
함박파프리카전	218
파프리카팍시	220
감자파프리카전	248
파프리카장떡볶이	276
파프리카소스&장	340

가나다순 메뉴 찾기

ㄱ

가자미까스	206
가자미알배추찜	204
가자미전	254
감자/고구마치즈빵	380
감자그라탱	268
감자달걀찜	176
감자도우쪽파갈릭피자	394
감자랑땡	258
감자부추전	242
감자야채치즈볼	360
감자크루아상	384
감자타코	272
감자파프리카전	248
검은깨바나나스무디볼	400
고구마닭고기소시지	330
고구마당근쿠키	372
고구마떡볶이	274
고구마바나나만주	396
고구마바나나빵	386
고구마밤수프	298
고구마브로콜리그라탱	270
고등어버터구이주먹밥	076
구운치즈주먹밥	072
구운파프리카	188
그릭곶감	402
김국	310
김두부스틱	166

ㄴ

네모애호박전	238

ㄷ

단호박당근퓌레	302
단호박부추빵	388
단호박스크램블에그	170
단호박크로켓	376
닭고기스테이크	324
닭고기토마토밥	042
닭다리백숙	320
닭다리파우더구이	208
닭백숙리조또	092
당근감자수프	294
당근곶감전	256
당근단호박떡볶이	278
당근등갈비찜	210

당근멸치주먹밥	064		브로콜리치즈밥전	078
당근양파볼	366		브로콜리치즈조림	163
당근치즈김밥 ver1	054		비트메추리알조림	164
당근치즈김밥 ver2	056		뿌리채소밥	036
당근치즈전	228		사과당근조림	152
돼지고기부추전	226		사과연근샐러드	182
두부달걀말이	180		사과오이무침	194
두부들기름버무리	178		사과파프리카김치	200
두부새우랑땡	260		새송이깻잎전	236
두부팽이버섯조림	153		새송이전	236
들깨무나물	157		새우누룽지죽	140
라구소스	338		새우팽이달걀덮밥	106
만능토마토소스	342		새우흑임자리조또	088
모둠버섯밥	034		선드라이토마토	352
무설탕블루베리잼	350		선드라이토마토리조또	090
무설탕피클	348		소고기가지덮밥	108
무표고버섯조림	152		소고기누룽지탕	136
미역두부전	240		소고기다짐육전	232
바나나두부강정	214		소고기두부주먹밥	066
바나나빵	378		소고기무나물덮밥	118
바나나요거트빵떡	392		소고기뭇국	306
밤치킨수프	300		소고기미역국	308
밥새우달걀주먹밥	062		소고기버섯덮밥	120
배대추조림	153		소고기버섯들깨리조또	086
배추전말이밥	050		소고기브로콜리주먹밥	074
버섯잡채	222		소고기브로콜리치즈밥	096
브로콜리갈릭버터구이	168		소고기알배추볶음	174
브로콜리감자전	230		소고기알배추팽이덮밥	104
브로콜리검은깨두부무침	192		소고기애호박덮밥	110
브로콜리고구마치즈호떡	282		소고기애호박죽	134
브로콜리달걀볶음밥	100		소고기양배추두부덮밥	122
브로콜리오트밀쿠키	374		소고기양배추주먹밥	068
브로콜리줄기당근볶음	196		소고기오트밀죽	130

소고기옥수수밥깻잎전	080		연두부고구마매쉬	184
소고기옥수수치즈밥	094		영양찰밥	044
소고기지단김밥	058		오야꼬동	112
소고기콩나물밥	038		오코노미야끼	250
소불고기	326		오트밀바	368
수제어묵	332		옥수수감자키슈	390
수제케첩	344		우엉깻잎전	252
순두부누룽지죽	138		쪽파새우리조또	084
순두부버섯들깨탕	304		찐무	149
순두부스크램블에그	172		찐알배추	148
시금치나물	155		찐팽이버섯들깨무침	147
시금치달걀말이밥	052		채소누룽지	312
시금치바나나팬케이크	286		채소육수	336
시금치배추전	244		초당옥수수밥	040
아몬드가지칩쿠키	370		초당옥수수콘샐러드	186
아몬드고구마스틱	362		카레같은단호박덮밥	124
아몬드스틱돈가스	322		코티지파이	284
알배추말이밥	048		콩가루감자볼	358
애호박감자오믈렛	266		콩가루두부마요네즈	346
애호박나물	158		콩나물무침	156
애호박밥새우주먹밥	070		토마토감자조림덮밥	116
애호박수프	292		토마토닭불고기	328
애호박치즈밥	098		토마토등갈비찜	212
애호박치즈빵	382		토마토떡국	280
애호박치즈전	246		토마토마파두부덮밥	126
애호박치즈조림	161		토마토새우덮밥	114
양배추양파볼	364		토마토채소수프	296
양송이치즈조림	162		파프리카소스&장	340
양파링감자크로켓	288		파프리카장떡볶이	276
연근고구마범벅	198		파프리카팍시	220
연근새우전	234		함박스테이크	318
연근아몬드들깨무침	190		함박파프리카전	218
연근크로켓	216		황태달걀죽	132

우리 아이 건강한 입맛 만들기
단이네 순한맛 유아식
ⓒ 정신혜, 2024

초판 발행	2024년 7월 15일
초판 6쇄	2025년 12월 25일

지은이	정신혜
펴낸이	안소정
교정·교열	윤지현
디자인	디자인오팔
제작 도움	오희경
펴낸 곳	아 퍼블리싱
	서울특별시 강북구 한천로 160길 48-3
	MAIL a_publishing@naver.com	FAX 0303-3441-0902
ISBN	979-11-976233-5-6(13590)

이 책은 저작권법에 따라 보호받는 저작물이므로 무단 복제 및 무단 전재를 금합니다.
이 책 내용의 전부 또는 일부를 재사용하려면 반드시 출판사의 동의를 받아야 합니다.
잘못된 책은 구입처에서 교환해 드립니다.